İstanbul'da Konut Girişleri
ve
KAPILAR

RESIDENTIAL ENTRANCES AND DOORS
OF ISTANBUL

CW01573402

İstanbul'da Konut Girişleri ve KAPILAR

RESIDENTIAL ENTRANCES AND DOORS OF ISTANBUL

Vedia Dökmeci • Hülya Yürekli • Fatma Erkök

İstanbul Teknik Üniversitesi, Mimarlık Fakültesi
Istanbul Technical University, Faculty of Architecture

LİTERATÜR
YAYINCILIK - DAĞITIM - PAZARLAMA
SANAYİ VE TİC. LİMİTED ŞİRKETİ

Literatür Yayınları: 13
İstanbul'da Konut Girişleri ve Kapılar
Residential Entrances and Doors of Istanbul
Vedia Dökmeci, Hülya Yürekli, Fatma Erkök
Birinci Basım: Mayıs 1996, İstanbul

© Copyright Literatür Yayıncılık

Tüm hakları saklıdır. Kitabın tamamı veya bir bölümü hiçbir şekilde çoğaltılamaz, dağıtılamaz, yeniden elde edilmek üzere saklanamaz.

All rights reserved. Excerpts from this book can be used in the media or in publications by informing the publisher.

ISBN: 975-7860-71-9

Dizayn/Design: Saadet Özkal, Namık Doymuş
Kapak/Cover: Tuncer Özer (M. S. Ü.)
Çizimler/Drawings: Fatma Erkök, Esra Kahraman, Ayşegül Öztarhan, Emine Yılmazgil, Gülin Uysal, İlhan Dinç, Volkan Sağlar
Fotoğraflar/Photos: Mehmet Erkök, Fatma Erkök
Film: Haner Ofset
Baskı-cilt/Printing and binding: Alemdar Ofset

Literatür Yayıncılık-Dağıtım-Pazarlama San. ve Tic. Ltd. Şti.
Çukuryurt Sokak No. 6 K. 3 Mecidiyeköy-İstanbul/Turkey
Tel: (0212) 272 92 72 - 267 40 56 - 272 96 40 Fax: 274 22 63
Ankara: (0312) 431 31 52 İzmir: (0232) 464 51 50
Beyoğlu: (0212) 249 28 29

ÖNSÖZ

1950'den sonra, İstanbul'un nüfusunun kırsal göç nedeniyle hızla artması, şehrin hızla büyümesine ve gerek kültürel, gerekse yapısal olarak büyük bir değişim geçirmesine neden olmuştur. Ayrıca, bu devirde modernizmin yeni gelişmelerde çok etkili olması şehrin geleneksel mimarisi ile arasında kopukluk yaratmış ve geleneksel mimarinin ihmal edilmesine sebep olmuştur. Sonuç olarak, hızlı nüfus artışı, başıboş yapılanma, arsa değerlerinin hızlı artışı ve dolayısıyla spekülasyon, tarihi yapıların geniş çapta ortadan kalkmasına neden olmuş ve olmaktadır. Bütün bu hızlı değişim esnasında çok az eserin rölövesi yapılabilmiş, pek çok şaheser hiçbir izi kalmadan yokolmuştur. Bu kitabın amacı, çeşitli kültürlerin ürünü olan eşsiz İstanbul mimarisinin önemli bir elemanı olan kapılardan örnekleri sınırlı imkânlarımız çerçevesinde bizden sonrakilere aktarabilmektir. Genel anlamda, konutlar kişilerle ve kişiler konutlarla özdeşleşirler ve kapılar böyle kendine has bir ortamın sokak ile arasındaki simgesidir. Bu bakımdan her kapı, içine açılmakta olduğu farklı bir dünyanın izlerini taşımaktadır. Bu ilginç özellik bu kitaptaki örneklerde açıkça sergilenmiştir.

Bu kitap, İstanbul'un farklı semtlerindeki tasarım zenginliğini izlemek isteyen mimarlar, tasarımcılar ve araştırmacılar için geniş kapsamlı resimli bir kaynak oluşturmaktadır.

Kitaba çok kişinin emeği geçti. Joan Eröncel'e İngilizce metnin redaksiyonu için; Esra Kahraman, Ayşegül Öztarhan, Emine Yılmazgil, Gülin Uysal, İlhan Dinç, Volkan Sağlar'a çizimlere katkıları için; Mehmet Erkök'e fotoğraf konusundaki yardımları için; Zeynep Kuban'a Mimarlık Tarihi konusundaki bilgilerini bizimle paylaştığı için ve Saadet Özkal ile Namık Kemal Doymuş'a kitabın basım hazırlıkları için teşekkür ederiz.

Vedia Dökmeci

FOREWORD

Since 1950, the population of İstanbul has increased rapidly due to rural migration. As a result, the cultural and the physical structure of the city has changed dramatically. In addition, modernism had a great impact on the new developments of the city which caused conflict between modern and traditional architecture. As a result, the traditional architecture of the city has been neglected. Further, rapid population growth, haphazard urban development, rapid increase of land prices, and speculation has caused demolition of historical buildings. Meanwhile, architects could prepare measured drawings only for a limited number of buildings. Many great works of art have disappeared without a trace. The purpose of this book is to inform the next generations about the doors of İstanbul, an important element of İstanbul's multi-culture architectural heritage. In general, there is a mutual relationship between the people and their homes. The doors are symbols of such relationship and they determine the boundary between the interior and the street. Therefore, each door carries the characteristics of the different worlds into which they open. This particular property is the subject of this book.

This book provides a rich illustrative resource for architects, designers and researchers interested in gaining a better understanding of diversity of design characteristics in different neighborhoods of Istanbul.

We would like to thank Joan Eröncel for the revision of the English text, Esra Kahraman, Ayşegül Öztarhan, Emine Yılmazgil, Gülin Uysal, İlhan Dinç, Volkan Sağlar for their contributions to the drawings, Mehmet Erkök for his help in taking and processing the photographs, Zeynep Kuban who shared her historical knowledge with us and Saadet Özkal and Namık Kemal Doymuş for their contribution in preparing the book for publishing.

Vedia Dökmeci

GİRİŞ

Bu çalışmanın konusu mimarinin en önemli elemanlarından birisi olan 'giriş'tir. Girişin özelliklerini incelemeden önce, ne olduğunu tanımlamak gerekmektedir. Mimarlığın tanımında olduğu gibi, giriş mekânının da tanımı zaman ve mekâna göre değişkendir. Değişik zamanlarda, değişik ülkelerde, hatta değişik kişilerce, mimarlık çeşitli şekillerde tanımlanabilmektedir. Aynı durum girişler için de geçerlidir. Bir tanıma göre, insanların içinden geçtiği ve dışardaki mekâna ait olan şeydir giriş – T. T. Evenson (1987). Rob Krier'in tanımı ise şöyledir: herkese ait yani 'genel' olan sokaktan bir yapıya çeşitli kademelerden geçilerek girilir. Girişin yeri ve ona verilen mimari önem binanın rolünü ve fonksiyonunu belirler. Kapı, genel olan dıştan özel olan içe geçişi belirler ve içerde yaşayanların kişiliklerini de yansıtır.

Yukardaki tanımlardan da anlaşılacağı gibi, girişin varlığı, iç ve dışın veya özel ve genel mekânların varlığına bağlıdır. Bir konutun girişi bazen çok kolay tanımlanabilir (Şekil 1). Ama acaba Topkapı Sarayında girişi belirlemek kolay mıdır? Acaba hangi giriş Saray'ın ana girişidir? W. A. Mozart'ın Saraydan Kız Kaçırma operasında olayın kahramanlarının buluşma için belirledikleri Giriş'in karıştırılması, Saraydaki girişlerin içiçe geçmiş ve duvarlarla birbirinden ayrılmış mekânları bağlamasından ve hangi girişin sarayın esas girişi olduğunun anlaşılamamasından kaynaklanmaktadır (Şekil 2). Bir başka örnek olarak Osmanlı Külliyelerini gösterebiliriz. Külliyelerin girişlerinde hiyerarşik bir mekân düzeni ve bu duruma bağlı olarak da göreceli bir dış ve iç mekân tanımı vardır. Bir girişin dışında kalan mekân, başka bir girişten ulaşılabilen iç mekân olmaktadır. Süleymaniye'de bu durum açıkça görülmektedir (Şekil 3).

Uzak geçmişimizde giriş esas olarak bir güvenlik elemanı olarak kullanılmıştır. Konutlarda giriş

INTRODUCTION

The purpose of this book is to present some examples of entrances of dwellings in Istanbul. When the architectural elements of a building are concerned, the entrance is one of the most important ones. Before we study the characteristics of the entrance, we must first try to define what an entrance is. Most things in architecture, for instance architecture itself, have a changing definition related to space and time. In different time periods and in different countries and even by different groups of people architecture was and is defined in many ways. The same applies for entrances. One definition for an entrance is a thing through which one passes and belongs to the space outside – T. T. Evenson (1987). Rob Krier's (1983) definition for an entrance is as follows: On the way from the street into a building one passes through different graduations of what can be called 'the public'. Immediately, the position of the entrance and architectonic significance is given, demonstrating the role and function of the building. The portal marks the transition from the public exterior to the private interior. It is an element of self-representation for the inhabitants.

As seen from the above definitions, for an entrance to exist an inner space and an outer space or a public and private place must be defined. An entrance of a house sometimes can be defined very easily (Fig. 1). Although for instance in Topkapı Palace is it easy to define the entrance?.. Which is the real entrance to the palace? In W. A. Mozart's opera Die Entführung aus dem Serail, 'The Abduction from the Seraglio', the confusion of the entrances where the heroes were to meet is related with the complexity of the entrances (Fig. 2). Or in the Süleymaniye mosque there is a group of entrances in a hierarchical order (Fig. 3). In this case the definition of the outer and inner space is relative to the sequential entrances. The outer space of one entrance is the inner space of the next entrance.

In the past the entrance was used mainly as an element of security and entrances of the housing were from a court. The

Şekil 1 Rudolph evi II, 1979-81, Charles Moore

Fig. 1 Rudolph house II, 1979-81, Charles Moore

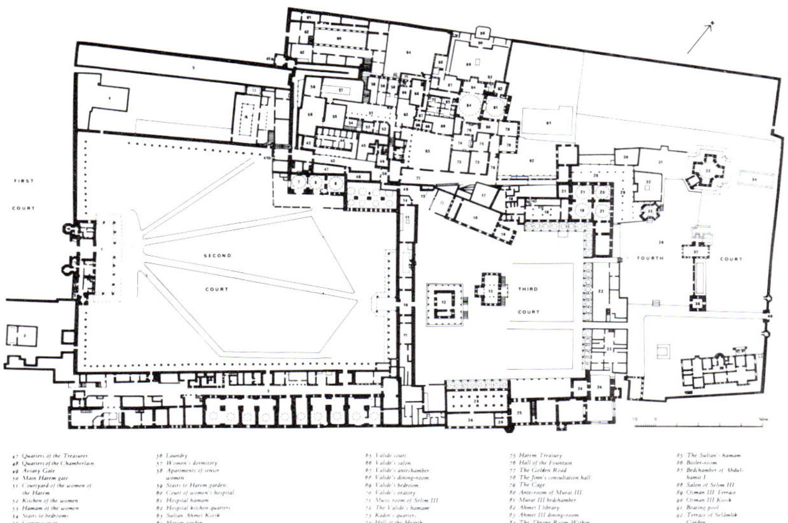

Şekil 2 Topkapı Sarayı planı, İstanbul

Fig. 2 Plan of the Topkapı Palace, Istanbul

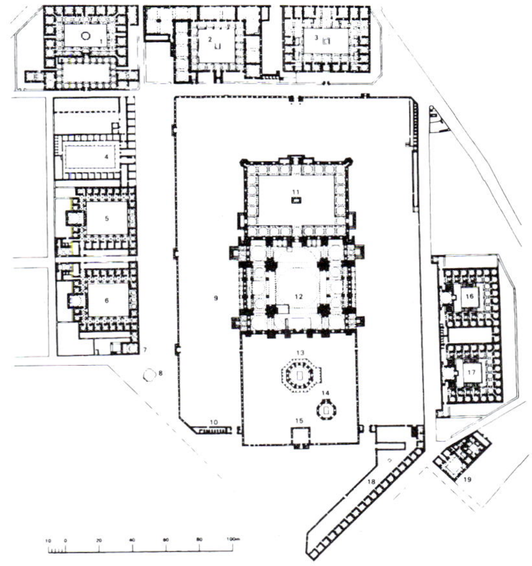

Şekil 3 Süleymaniye Camii ve Külliyesi, 1550-56, Mimar Sinan, İstanbul

Fig. 3 Plan of the Süleymaniye Mosque and Külliye, 1550-56, Architect Sinan, Istanbul

Şekil 4 Kuzey Çin'de Loyang yakınında yeraltı yerleşmesi

Fig. 4 Underground village near Loyang in northern China

avludan olabilmekte, avlulara ise çatıdan kaldırılabilen merdivenlerle ulaşılmaktadır (Şekil 4).

Dünyada ve ülkemizde, günümüzde örnekleri bulunabilen anonim mimari incelendiğinde, giriş, gerek biçimlenişi gerekse de detaylandırılmasıyla önemli bir mimari eleman olarak karşımıza çıkmaktadır (Şekil 5) (Şekil 6).

Yüzyıllarca girişe büyük bir önem verildikten sonra, Barok mimarinin oluşturduğu ve Modern mimarinin

entrance to the court was by mobile ladders from the roof of the buildings (Fig. 4).

If examples of traditional architecture are studied, only in Turkey can it be seen that the entrance is one of the architectural elements which in most examples was treated with the greatest care. And there are hundreds of different examples of entrances (Fig. 5) (Fig. 6).

After using eye-catching doors and gates for centuries, the entrance was redefined once more with the new space concept

Şekil 5 Mustafapaşa, Kapadokya'dan giriş örnekleri

Fig. 5 Entrance examples from Mustafapaşa, Cappadocia

Şekil 6 Kars'tan bir Art Nouveau örnek

Fig. 6 An Art nouveau example from Kars

Şekil 7 Farnsworth evi genel görünüşü, 1946-51, Barselona Pavyonu planı, 1929, Mies van der Rohe

Fig. 7 General view of Farnsworth house, 1946-51, Plan of Barcelona Pavilion, 1929, Mies van der Rohe

Şekil 8 Guild evi 1961, Vanna Venturi evi, 1962, Venturi, Rauch and Scott Brown

Fig. 8 Guild House 1961,Vanna Venturi house, 1962, Venturi, Rauch and Scott Brown

geliştirdiği yeni mekân anlayışıyla giriş de yeniden tanımlanmıştır. Bu yeni mekân anlayışının en önemli prensiplerinden birisi iç ve dış mekânı bütünleştirmektir. Bu anlayış çeşitli kavramlarla ortaya konmuştur; serbest plan, birbirinin içine geçen, akan mekân anlayışı gibi. Bu kavrama bağlı olarak tasarlanan yapılarda, girişler binaların cam yüzeylerinde eritilmiştir. Mies van der Rohe'nin binalarında bu tutum açıkça görülmektedir. Farnsworth evi, Barselona pavyonu tipik örneklerdir (Şekil 7).

Meiss (1990), Frank Lloyd Wright'ın giriş anlayışı için aşağıdaki açıklamayı yapmaktadır: "Frank Lloyd Wright, ana fikrini herhalde Rousseau ve Thoreau'dan aldığı yeni bir 'etik' önermektedir. Burada eşik yokolmakta ve iki dünyanın, doğa ile yaşama mekânının ideal olarak birleştirilmesi düşünülmektedir." Şair Georges Perec, insan, bina ve doğa arasında gizlenen bu eşiği F. L. Wright'ın evlerinin bir tanesi için şu şekilde açıklamaktadır: "Doğal olarak, kapısı olmayan bir ev hayal etmek zordur. Ben Lansing ABD'de böyle bir eve rastladım. F. L. Wright tarafından inşa edilmişti: önce solda hafifçe kıvrılan ve devamlı olarak yükselen bir patikadan, hiç zorlanmadan, başlangıçta daha dik olan yumuşak bir eğimle yavaşça yataya ulaşılıyordu. Yavaş yavaş, sanki rastlantıymış gibi, farkına bile varmadan, bir geçişin, bir kesintinin, bir değişimin varlığını açıkça görmeden, devamlılığı yaratan patika taşlı olmaya başlamıştı; başka bir deyişle, önce sadece çim varken çimlerin arasına taşlar katılmış, sonra taşlar artmış ve yer, derzleri çim olan bir taş döşeme halini almıştı. Aynı şekilde soldaki tepe de bir duvarı anımsatır olmuş ve sonra kuşkusuz bir duvara dönüşmüştü. Aniden, üstüne tırmanan bitkilerle haşır neşir çatı penceresiyle birlikte çatıya benzer bir şey görünmüştü. Fakat artık insanın içerde mi yoksa dışarda mı olduğuna karar vermesi için çok geçti. Yolun sonunda yer döşemesi genellikle giriş olarak tanımlanan mekâna bağlanmıştı ve bu mekân da doğrudan doğruya dev bir odaya açılıyordu. Evin diğer tarafları da daha az ilginç değildi... kedinin bir yastığın içine kıvrılıp yatması gibi ev tepenin içine gömülmüştü."

Bütün mimari elemanların yeniden tanımlandığı Post Modern mimarlıkta giriş elemanı yine önem kazanmıştır. Özellikle yapı simetrik olarak düşünüldüğünde, simetri aksı büyük bir olasılıkla girişin ortasından geçmekte ve bu da girişin bir mimari eleman olarak önemini belirtmektedir (Şekil 8).

of Baroque architecture and then the Modern movement. One of the main principles of this new space concept was to relate the inner and outer spaces. This can also be defined as the liberation of spaces or the creation of flowing spaces or free plan. Looking at the architectural forms in relation to this concept it can be seen that the entrances were melted to the glass façades of the buildings. In buildings of Mies van der Rohe this approach is clearly seen. The Farnsworth house and Barcelona Pavilion are good examples (Fig. 7).

For Frank Lloyd Wright's concept of entrance, Meiss (1990) gives the following explanation: "Frank Lloyd Wright proposes another ethic, probably drawing its substance from Rousseau and Thoreau. The threshold is abolished and the ideal union between two worlds, nature and dwelling, is sought." The poet Georges Perec talks about this intimate threshold between man, building and nature when describing, as follows, the access to one of F. L. Wright's houses: "It is obviously difficult to imagine a house which does not have a door. I saw one one day, several years ago in Lansing, Michigan, USA. It has been built by F. L. Wright: one began by following a gently winding path on the left of which rose progressively, and even with extreme nonchalance, a slight slope which, at first oblique, gradually approached the vertical. Little by little, as if by chance, without thinking about it, without at any moment being able to state that one had positively noticed something like a transition, a break, a passage, the path of continuity became stony, that is to say that first there was only grass, then there began to be stones in between the grass, then there were a few more stones and that became a paved and grassy footpath, whilst on the left, the slope of the ground began to resemble vaguely a low wall, then a wall without any doubt. Then appeared something like a roof with a sky-light practically indissociable from the vegetation which climbed over it. But in fact, it was already too late to know if one was inside or outside: at the end of the path the paving was jointed and one was in what is usually called an entrance which opened directly into a quite gigantic room. The rest of the house was no less remarkable... because one had the impression that it had sunk into the hill like a cat which snuggles into a cushion."

In post modern architecture where all the architectural elements have been redefined, the entrance of the building gained importance once again. Especially when the building was designed symmetrically, the symmetry axis mostly passed from the centre of the entrance, which gave it significance (Fig. 8).

Şekil 9 Pingry okulu Pfeiffer Ass., 1985, Selçuk Kervansarayı, Nevşehir-Konya karayolunda Sultan Han

Fig. 9 Pingry School Pfeiffer Ass., 1985, Seljuk Caravanserai, Sultanhan on Nevşehir-Konya Road

Selçuk mimarisinin veya Asya'daki diğer Türk mimarilerinin etkisiyle girişin ana eleman olduğu projeler de tasarlanmıştır (Şekil 9).

Zaman boyutunun mekân tanımına dördüncü boyut olarak girmesiyle birlikte, mekânların birbirine akışını ön plana alan ve mimari kavram ve elemanları yeniden tanımlayan dekonstrüktivist mimarlık örneklerinin pek çoğunda, iç ve dış mekân ilişkisini kesintiye uğratan giriş yine önemini kaybetmiştir.

Mekân kavramı, mimari form, mimari elemanlar ile ilgili teorik yaklaşımlar incelendiğinde, giriş elemanının önemi açıkça görülür. Lynch (1974) 'imaj'la ilgili elemanları tanımlarken çevre imajının üç bileşeniyle analiz edilebileceğini belirtmektedir: kişilik, strüktür ve anlam. Yararlı bir imajın oluşabilmesi için, nesneyi, diğer nesnelerden ayırabilecek özellikleriyle öncelikle tanımlamak gerekmektedir. Bu, o nesnenin bir başka şeyle eşitliğini değil, tek olma özelliğini ve kişiliğini temsil etmektedir. İkinci olarak, imaj nesnenin mekânsal olarak ve örüntü içindeki yerini gözlemciye ve diğer nesnelere göre belirlemek durumundadır. Son olarak da bu imajın gözlemci için pratik veya duygusal bir anlamı olmalıdır. Yazar bu açıklamadan sonra imaj analizi için, imajların doğal bir bütün oldukları gözardı edilmeden bu bileşenleri soyutlamanın gereğinden sözetmektedir. Ve bir örnek vermektedir, bu örnek daha genel anlamda ele alınmış bir giriş veya kapıdır. Bir çıkışın olması için belirgin bir varlık olan kapının bilinmesi, gözlemciyle mekânsal ilişkisinin varlığı ve anlam olarak dışarıya çıkmak için bir deliğin olması gerekmektedir. Ve bunlar gerçekte ayrılamazlar,

There were also some buildings designed having the entrance as the main conceptual element which can be considered very similar to Seljuk architecture or other Turkish architecture in Asia (Fig. 9).

But again in deconstructive architecture in which each architectural concept and element was redefined in most examples the entrance lost its importance giving way to the flow of space with a strong fourth dimension-time.

If theoretical approaches were related to the space concept, architectural form and architectural elements studied the important role of the entrance as an architectural element can be seen. When Lynch (1974) describes the elements of an image he writes that an environmental image may be analyzed into three components: identity, structure, and meaning and that a workable image requires first the identification of an object, which implies its distinction from other things, its recognition as a separable entity. This is called identity, not in the sense of equality with something else, but with the meaning of individuality or oneness. Second, the image must include the spatial or pattern relation of the object to the observer and to other objects. Finally this object must have some meaning for the observer, practical or emotional. He also stresses that it is useful to abstract these components of an image for analysis if it is remembered that in reality they always appear together. Then Lynch gives an example and his example is a door or an entrance in a more general sense: and he stresses that, thus an image useful for making an exit requires the recognition of a door as a distinct entity, of its spatial relation to the observer, and its meaning as a hole for getting out. And these are not truly separable, the

kapının görsel olarak bilinebilmesi, anlamıyla eşleşmektedir. Lynch'in imaj tanımının girişle açıklanmış olması tesadüf değildir.

Norberg Schulz (1971), merkezi ve yolu tarif ettikten sonra, her kapalı formun içine girilmesi gerektiğini ve bununla birlikte bir yönün tanımlandığını söylemektedir. " Bir evin hapishaneye dönüşmemesi için, önündeki dünyaya açılması, iç ve dışı birleştirmesi gerekmektedir. Yön, iç ve dışı birleştirmede az veya çok etkendir ve bu yönü belirleyen doğru bir çizgi topolojik bir eğriden daha etkilidir. Böyle bir yer yönden etkilenir, dışarı doğru uzar, aynı zamanda dış sınırdan içeriye süzülür, bu bir geçiş alanı yaratır. Bu alan, varoluşsal mekân içindeki sürekliliğin derecesini ifade etmek üzere farklılaşabilen formlardaki bir açılışla ilişkilidir.

Kapı bu yüzden eski zamanlardan beri mimarlığın önemli sembolik elemanlarından birisi olmuştur. Kapı kapanabilir ve açılabilir, birleştirir ve ayırır. Psikolojik olarak kapı hem açık hem kapalı olabilir, fakat her kapının açılabilir olma durumu daha önemlidir. Açılmak 'yer'in canlı olmasını sağlar, çünkü her yaşantının temeli çevreyle ilişkidir. Bir kapalılığın dışa açılması anayönleri gözönüne almayabilir, çünkü doğal bağlamın bir parçası olarak yer zaten yönlenmiştir. Ve dörde bölünen eski şehir çevresinde yeralan dünyanın bir parçası olmak için dört yöne açılmayı sembolize eden bir forma sahiptir (Şekil 10). Genel olarak açılış 'yer'in çevresiyle ilişkili olmak istediğini ifade eder." - Norberg Schulz (1971). Görülüyor ki, Schulz'un varoluşsal mekân elemanlarının tanımında girişin önemli bir yeri vardır.

Meiss (1990), girişi tanımlayabilmek için önce sınır ve eşiğin tanımlarını yapmaktadır. Sınırın, içi ve dışı oluşturduğunu ifade etmektedir. Her devamlı yer limitlerle belirlenmiştir, yatak odası, meclis binası, çarşı meydanı ve bazı durumlarda bütün bir kent. Bu dünyada içerde ve evimizde olduğumuzu bilebilmemiz için sınırlara başvururuz. İki yer arasındaki veya iç ve dış arasındaki ilişki birbiriyle bağımlı iki görüşten kaynaklanmaktadır. Hem ayrımı hem bileşimi, veya başka bir deyişle değişim ve geçişi, kesintiyi ve devamlılığı, sınırı ve geçmeyi içermektedir. Eşikler ve geçiş mekânları dünyanın kendisini değiştirdiği yerler olmaktadır. Sınırın karakterini belirleyen eşiktir. Kapı ve pencere, duvarın varlığını ve kalınlığını gösterir. Eşikler, temsil ettikleri yerin karakterini ortaya koyan göstergelerdir. Eşiklerin farklı derecelerde oynadıkları

visual recognition of a door is mated with its meaning as a door. It is not a coincidence that Lynch's image definition is clarified with the example of 'the entrance'.

Norberg-Schulz (1971), after defining the centre and the path writes that any closed form, however, has to be entered, and a direction is thereby introduced. "For a house not to become a prison it must have openings into the world beyond, that connect this inner world with the outer. The direction unites inside and outside more or less strongly, and we see again that a geometrically straight line is more powerful than a topological curve. The place as such is also influenced by the direction; it is stretched towards the outside, at the same time as the outside penetrates the border, creating an area of transition. This area is related to an opening which may be given various forms to express the degree of continuity in existential space.

No wonder, therefore, that the door since ancient times has been one of the important symbolic elements of architecture. The door can close off or open up, it can unite and separate. Psychologically it is always open and closed at the same time although one aspect is dominating, as any door may be opened. The opening is the element that makes the place come alive, because the basis of any life is interaction with an environment. A single opening in an enclosure, however, does not take the cardinal points into consideration. Being part of a natural context the place is already 'oriented', and the ancient city which was divided into quarters symbolized a fourfold 'opening', which made the city a part of the surrounding world (Fig. 10). In general, the opening expresses that the place 'wants to be' in relation with its environment." - Norberg-Schulz (1971). It can be seen that in the definition of the elements of existential space, the entrance plays an important part.

Meiss (1990) defining the entrance first starts with the definition of limits and then thresholds. He writes that the limit creates the interior and exterior. "Each durable place is marked by limits: the bedroom, town hall, market square and sometimes even the whole town. We refer to limits in order to know that we are inside and 'at home' in this world. Each relationship between two places or between an interior and an exterior proceeds from two aspects of dependence. It provides both separation and connection, or, in other words, differentiation and transition, interruption and continuity, boundary and crossing. Thresholds and spaces of transition become places in their turn: 'places in which the world reverses itself'. It is the threshold which reveals the nature of the limit. The door or window reveals the wall, its presence

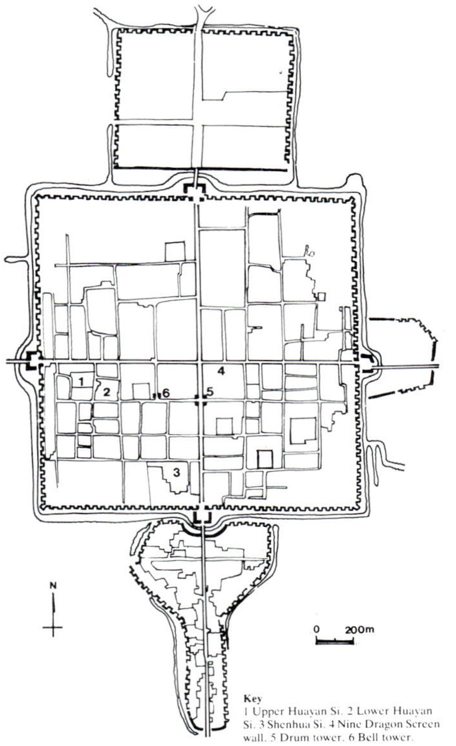

Şekil 10 Datong, Shanxi, Şehir planı, Çin

Fig. 10 Datong, Shanxi, City Plan, China

Şekil 11 İstanbul'da bazı geleneksel konut girişlerinden örnekler

Fig. 11 Some vernacular houses' entrances from Istanbul

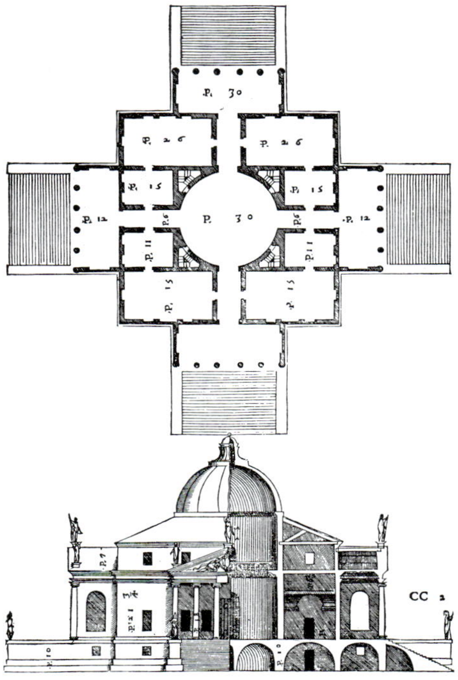

Şekil 12 Villa Rotonda planı, 1552, Palladio

Fig. 12 Plan of Villa Rotonda, 1552, Palladio

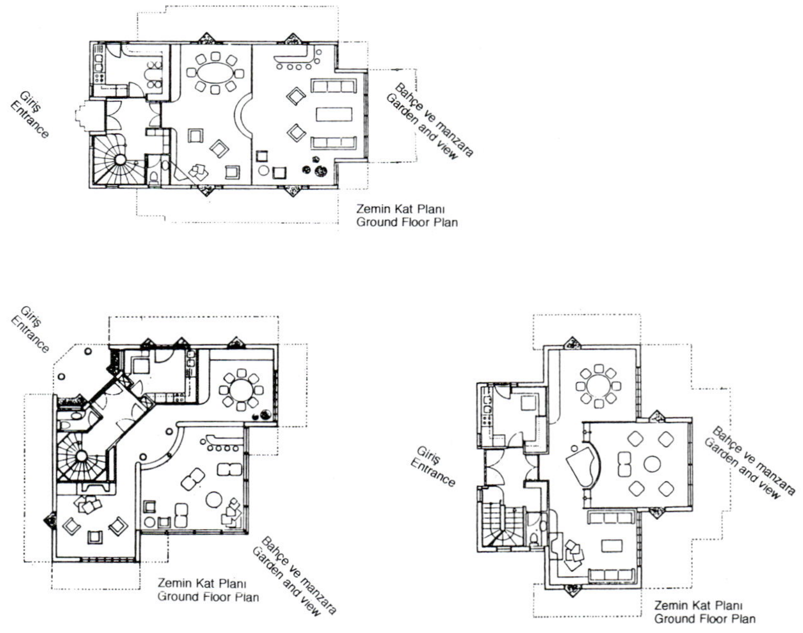

Şekil 13 Bir konut yerleşiminden konut planı örnekleri, 1988, H. Yürekli, F. Yürekli, G. Sağlamer

Fig. 13 Plans of houses from a housing estate, Istanbul, 1988, H. Yürekli, F. Yürekli, G. Sağlamer

üç rol vardır. *Faydacı rol*; kapı için bir açıklık, bu rol her zaman vardır. Kapı fonksiyoneldir, ama dünyanın değiştiği bir yer olarak tanımlanabilmesi için fonksiyon yeterli değildir. Kapı nedir? Kilidi ve menteşeleri olan sert bir engel oluşturan düz bir yüzey mi? Böyle bir kapıdan geçtiğinizde bölünmüyor musunuz? İkiye ayrılmıyor musunuz? Herhalde artık farketmiyorsunuzdur. Basit düşünmeye çalışın; bir dikdörtgen. Ne kadar zavallı bir ifade şekli. Kapıdaki gerçek bu mu? *Koruyucu bir rol*; kapının kontrollü geçit vermesi, dışarda görülecek olanın ve içerde görülebilmenin seçimi veya istendiğinde dışardan görülmemenin sağlanması. Bu düzenlemenin uygunluğu öncelikle iç ve dış dünyanın farklılığına bağlıdır. Bu farklılığın iki yönü vardır, fiziksel ve sosyal. Mahremiyetimizi sağlayabilmek için, tehlikeli, saldırgan, gürültülü, çirkin veya daha basit olarak tanımlarsak çok anonim olan dış dünyanın içeriye girişini önleyebiliriz. Diğer taraftan sosyal uygulamalar, binanın fonksiyonu ve kullananların kültürel özelliklerine göre dıştan korunmanın derecesini belirler. *Semantik rol*; kapı anlamlı bir geçittir, arkasında yer alması gereken değerler ve karakter mimari elemanlarla belirlenir. Yaşam standartları neredeyse minimum olan toplumlarda bile, eşiğin sadece faydalı ve koruyucu olmadığı, giriş mekânına ve kapıya özel ilgi ve ek çaba verildiği görülür. Herhalde geçiş mekânının tarihi bir gelenekle ilişkisi olmalıdır.

Girişin diğer mekânlarla ilişkisi bu mekânları ve girişi etkilemektedir. Örneğin iç ve dış mekânlar, başka bir deyişle özel ve genel mekânlar arasında ara alanlar oluşturulabilmektedir. Buna bir örnek portikolardır. İstanbul'daki bazı geleneksel konutlarda, sokağa, portiko anlamında bir ara mekân sunulmuştur. Bu ara mekân girişin dışında sadece üstü örtülü bir mekândır (Şekil 11).

Palladio'nun binaları ve diğer Rönesans yapıları ile Manyerist binaların ve onsekizinci yüzyıldaki klasik eklektik binaların girişleri önünde portikoları bulunabilmektedir. Villa Rotonda'nın Loggia ve girişleri binaya dört ön cephe kazandırmıştır (Şekil 12).

Bazı örneklerde ise girişin iç mekânlarla kuvvetli bir ilişkisi olabilmektedir. Binanın serbest bir planı ve birbiri içinden geçilen bir mekânlar dizisi olduğunda, bu mekânlar, ışığın yardımıyla dış mekânla görsel olarak bütünleşebilmektedir (Şekil 13). Buna yatay süreklilik diyebiliriz. Giriş mekânı benzer bir devamlılıkla üst

and its thickness. But thresholds are, even more, indications which proclaim the nature of the places to which they represent. Thus thresholds have three roles which they assume to different degrees: 1) A utilitarian role: passage for the door this role is always present. Functional perhaps, but that is not enough to designate this a place where the world is reverse: What is a door? A flat surface comprising hinges, a lock establishing an extremely tough barrier. When you go through such a door are you not divided? Split into two! Perhaps you no longer notice it. Think simply of it as a rectangle. What a horrifying poverty of expression. Is that the reality of a door? 2) A protective role: controlled passage of the door, selection of the view and choice of being exposed, or not, to observation from outside. The adequacy of this arrangement depends first of all on the difference between the external and the internal world. This difference has two aspects, one physical and the other social. Thus in order to preserve our privacy, we prevent the entry of a dangerous, aggressive, noisy, ugly or simply too anonymous outside world. Social practices on the other hand, govern the extent of protection according to the cultural characteristics of the inhabitants and the purpose of the building. 3) A semantic role: the door is a meaningful passage-the character and values which are to be found 'behind' are indicated by architectural elements. Even in societies in which the standard of living is almost at the minimum, we can observe that the threshold is not just utilitarian or protective. Particular attention and extra work are devoted to the entry space and to the door. Historically the transition space is probably linked to the existence of a ritual." – Meiss (1990).

The relation of the entrance with other spaces will effect these spaces and also the entrances.There can be intermediate areas between public and private spaces; an example is the porticos. In some vernacular houses in Istanbul the street is given an area in between, an intermediate space, where there is a covered but open space before the entrance door (Fig. 11).

Palladio's buildings and many other Renaissance and Mannerist buildings and also classical revival examples in the 18th century have porticos (Fig. 12). Villa Rotonda's Loggia and entrances made four fronts for the building...

In some examples the entrance has a strong relation with the inner spaces of the building. For instance, the building can have a free plan or it can have spaces which flow into each other and at the end it can even be related to outer space, opposite the entrance (Fig. 13). And with the help of light it is possible to see through the inner spaces to the outer world. This is defined as horizontal continuity. Or the entrance can

Şekil 14 Palazzo Madama, 1718-21, Filippo Juvarra, Torino

Fig. 14 Palazzo Madama, 1718-21, Filippo Juvarra, Turin

Şekil 16 Dolmabahçe Sarayının giriş kapısı

Fig. 16 The entrance gate of Dolmabahçe Palace

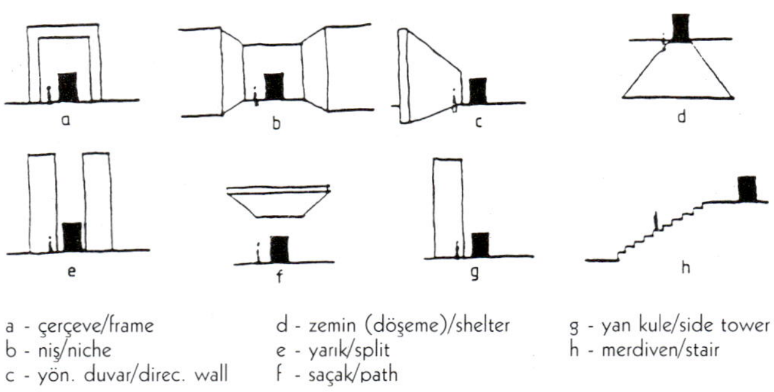

Şekil 15 Girişin etkisini artırmak için kullanılan mimari elemanlardan örnekler

Fig. 15 Examples of architectural elements which are used to strengthen the effect of entrances

katlarla da ilişkilendirilebilir, bu etki yine ışıkla güçlendirilebilir. Mekân ve ölçek konusunda çok etkili olan Barok devri mimarları, mekânsal olarak iç ve dışı, üst ve altı bütünleştiren ilk batılı mimarlardır. Yeni mimari elemanların ortaya çıktığı Barok çağda alt ve üstün bağlantısına bir örnek olarak Filippo Juvarra'nın merdiven ve galeri düzenlemeleri gösterilebilir. Bu ise düşey devamlılık diye tanımlanabilir (Şekil 14).

Girişin kapıdan başka mimari elemanları da olabilir. Bunlar, faydacı bir nedenleri olabildiği gibi, çoğunlukla girişin etkisini kuvvetlendirmek için de kullanılabilirler. Bu elemanlara örnek olarak, merdivenleri, rampaları, kolon dizilerini ve korkulukları gösterebiliriz (Şekil 15).

Yukarda da belirtildiği gibi girişlerin çok önemli pratik ve sembolik anlamları vardır. Fiziksel koşulların, sosyal

be related to the upper storeys of the building in different ways and this can be emphasized with the help of light. And this is defined as vertical continuity. Being the masters of space and scale, Baroque architects were the first western architects who connected the inner and outer spaces, the lower and upper levels of buildings. In this concern Baroque buildings had staircases and galleries which visually connected the upper floor with the lower (Fig. 14).

The entrance has other elements than just a door. These architectural elements which also have a utilitarian function are mostly used to strengthen the image of the entrance. They can be stairs, ramps, a row or more of columns, balustrades (Fig. 15).

As stressed above, the entrance has a very strong practical and symbolic meaning. It is a threshold where the physical

karakterin, sosyal organizasyonun değiştiği noktadır ve biçimlenişiyle bunu ifade etmek durumundadır. Bu kapsam içinde ölçeğin de değişebileceği bir geçiş elemanıdır. Örnek olarak Dolmabahçe Sarayının bahçe kapısı, arkasında önemli bir yer olduğunu işaret etmektedir (Şekil 16). Böyle bir girişten geçtikten sonra Dolmabahçe Sarayı beklenmeyen bir etki bırakmaz. Giriş, parçası olduğu bütünün, bir başka deyişle, binanın anlamı hakkında ipuçları veren ilk mimari elemandır.

Giriş ve eşiğin sembolik anlamı aynı zamanda dile de yansımıştır. Türkçede eşik ve kapıyla ilgili deyimler ve özdeyişler bulunduğu gibi, benzer deyimler başka pek çok dilde de vardır. İngilizcede eskiden, evinde ziyaret etmek istediğiniz bir kimseye bu arzunuzu 'kapınızı karartacağım' sözleriyle açıklayabilirdiniz; bugün de aynı deyim kızgınlıkla söylenen şu sözlerde geçmektedir: "Bir daha kapımı karartma!" - Breckon, Parker (1991).

Bu kitabın ana temasını oluşturan girişler ve kapılar İstanbul'da yer alan geç 19. yüzyıl ve erken 20. yüzyıl konut yapılarına aittir. Bu eser için yapılan tespitler kapıyı ve binayla ilişkisini belirlemektedir. İki yıldır süren bu tespit çalışması sırasında, bu tür yapıların hızla eskidiğini, yapılan onarım ve yenilemelerin ise eski karakteri koruyamadığını gözledik. Bu nedenle, bu çalışmanın önemli bir belge olacağını sanıyoruz.

Hülya Yürekli

conditions change and also where the social character and social organisation change. It represents these changes with its form. As it is a threshold, it is also an important place where the scale can change. For instance, the gate of Dolmabahçe Palace with its scale and form gives a clue that there is something important behind it (Fig. 16). A large and important building like Dolmabahçe Palace is not a surprise after passing through this entrance. So the entrance is the first architectural element which gives a message about the building in relation with the meaning of the building.

The symbolic meaning of the entrance or threshold can also be found in different languages. In the English language an old way to describe an intended visit to someone was to say that you were going to 'darken his door', a phrase that is still used in angry dismissal: 'Never darken my door again!' - Breckon, Parker (1991).

The theme of this book mainly relates to samples of doors and entrances of the housing of the late 19th and early 20th century in İstanbul. It consists of the representation of the door and its relation with the building. During the two years in which this study continued there were big changes in the conditions of the buildings and their entrances. Some buildings were totally demolished, some were deteriorating and some were renovated losing their original characteristics. Therefore we believe that this study is an important documentation.

Hülya Yürekli

İSTANBUL'DA GEÇ 19. YÜZYIL VE ERKEN 20. YÜZYIL KONUT KAPILARI VE GİRİŞLERİ

İstanbul'daki konut kapıları ve girişleriyle ilgili bu araştırma ve belgeleme çalışmasında, zengin bir repertuar içinden daha dikkate değer ve farklı tipleri gösterebilecek nitelikte örneklerin saptanması yoluna gidildi. Tespitlerin ilk aşamasında elimizde toplanan yaklaşık 200 kapı ve giriş arasından kitapta yayınlanmaya değer olan 100 tanesi seçilerek belirlendi. İlk tespit edilen bu yaklaşık 200 kapı ve giriş bile İstanbul'da belgelenmeye değer mevcut kapıların kuşkusuz çok sınırlı bir bölümüdür. Ele alınan örneklerin tamamı konut kapısı ve girişi olmakla birlikte, gerek ölçek gerekse üslup açısından tek bir üslubun ifadesi sade örnekler ya da çok üslubun birarada kullanıldığı karmaşık örnekler olmalarıyla çeşitlilik göstermektedirler. Ölçek farklılığı, doğal olarak binanın ölçeğiyle ve girişin yapı içindeki önemlilik derecesiyle ilişkilidir. Malzeme olarak demir veya ahşap kullanılmıştır; geleneksel Anadolu Türk evinin daha şehirli evi haline gelmiş olan türünde ahşap malzemeyle daha çok karşılaşılırken, apartman olgusunun yerleşmesiyle bu tip örneklerde malzeme olarak demir daha çok görülmektedir. Kapılar, kendilerini oluşturan bu malzemelerden başka, genellikle yeraldıkları cephe içerisinde, kimisinde basit bir ahşap çerçeveyle, kimisinde söveler, profiller, alınlıklar, lentolar, konsollar, kemerler, sütunlar, plastrlar vb. mimari elemanlarla cephe düzenine kaynaşarak cephede kullanılan malzemeyle de yakın ilişki içindedirler. Demir değişik formları oluşturmak açısından daha kullanışlı ve kolay biçimlendirilebilir bir malzeme olsa da, ahşapla da oldukça zengin biçimler ortaya çıkarılmıştır.

Kitapta yeralacak kapı ve girişlerin seçiminde İstanbul'un farklı bölgelerinden örnekler göstermeyi

LATE 19th CENTURY AND EARLY 20th CENTURY DWELLİNG DOORS AND ENTRANCES IN ISTANBUL

In this research and documentation about the dwelling doors and entrances in Istanbul, it was decided to make an inventory of the most remarkable ones and more suitable ones which have the properties to show the various types. Among the 200 doors and entrances that were collected in the first step of the inventory, 100 of them were determined by selection to be published in this book. This number of 200, which was determined in the first study is, of course, a very limited number of the doors and entrances worthy to publish. Although all the examples that are shown are dwelling doors and entrances, they show a variety in scale and in style, giving examples from a pure expression of one style and a complex expression of several styles together. The difference in scale naturally is related to the scale of the building and the degree of importance of the entrance in the building when the door is important. Iron and wood are used as the main materials. There are mostly timber doors in the city version of the traditional Turkish house. With the establishment of the apartment house in the city, iron is the main material of the doors. Other than these materials which form the door itself, doors are in close relationship with the materials and architectural elements used on the facade by blending with the facade organization. In some examples simple wooden frames are used and in some of the doors, door jambs, profiles, pediments, lintels, consoles, arches, columns, pilasters are produced using different materials. Besides the advantages of iron being handy and easy to shape in producing different forms, it was seen that rather rich forms were also produced with timber.

In the selection of the doors and entrances to be published in this book, although the aim was to present

Harita 1

Map 1

amaçladık; bununla birlikte, öteden beri yerleşme bölgeleri olan ve Batılılaşma etkileriyle birçok stilin ve bunların seçmeci biçimde kullanıldığı üslupların (eklektisizm) görülebileceği Beyoğlu, Galata, Cihangir, Teşvikiye gibi semtlerde kaçınılmaz bir yoğunluk oldu (Harita 1). Elimizdeki örneklerin en eskisi dönem olarak 19. yy sonlarına gidiyor. Stilistik özellikleri açısından genellikle seçmecilikle karşılaşıldığı ve historisist diye adlandırılan bu üsluba çeşitli dönemlerin mimari özelliklerinin kaynak oluşturduğu görülebilir.

Avrupa'da 19. yy sonlarına doğru oluşan bazı milliyetçilik eylemlerinin etkisiyle mimaride Neogotik, Neoromantik, Neoklasik, Neorönesans gibi üsluplar benimsendi. Seçmeci olan bu davranış tarzı esas olarak cephelerde uygulanmaktaydı. Türkiye'de de özellikle

examples from several districts of Istanbul, there was an inevitable density in the districts of Beyoğlu, Galata, Cihangir and Teşvikiye (Map 1). These districts have been settlement areas for a long time and with the Westernisation effects, a lot of styles and their eclectic versions can be seen. The oldest example goes back to the end of the 19th century. When stylistic characteristics are concerned, it can be seen that typically eclectic styles are used when several historical periods have been the source and this is called historicism.

Towards the end of the 19th century in Europe, with the effect of nationalist movements, styles such as Neo-Gothic, Neo-Romantic, Neo-Classicism, Neo-Renaissance were adopted in architecture. This selective attitude was mainly applied to the building facades. Neo-Classicism was especially

Neoklasik etkili oldu (1890-1930). Avrupa'daki mimari anlayışa ek olarak Selçuklu ve Osmanlı mimarisinden esinlenmeler de vardır. Ele alınan kapılarda, historisist yaklaşımlardan özellikle Neoklasisizm, 17. ve 18. yüzyıllarda bütün Avrupa'ya egemen olan Barok dönem, bunların dışında da kendine has Art Nouveau ile Art Deco dönemlerinin etkili olduğu görülmektedir. Rönesans dönemine göre çok daha hareketli, yenilikçi, çarpıcı bir üslup olan Barok devir, batılılaşma süreci içinde Türk sanatını da etkilemiştir. Barok sıfatı genelde yuvarlak, dalgalı ve eğri çizgilerin egemen olduğu üslubu tanımlar ve bu özellikleriyle Osmanlılarda Türk tarzı bir Barok ortaya çıktı. Eski üslupları yeniden canlandırma çabalarına karşılık olarak ortaya çıkan Art Nouveau dönemi, kıvrımlı çizgilerin egemen olduğu bazı bitki motiflerinin stilize edilmiş şekillerinin sentezidir. Mimaride daha çok süsleme biçiminde uygulanmıştır. Art Nouveau, Türkiye'ye konuk sanatçılar aracılığıyla gelmiştir ve daha çok konut yapılarında kendini göstermiştir. İstanbul'da da 1893-1909 yılları arasında saray mimarı olarak eserler oluşturan ünlü İtalyan Art Nouveau sanatçısı Raimondo D'Aronco'nun tanınmış bir yapısı olan Tünel'deki (İstiklal Caddesi 475-479) 1900 tarihli Botter apartmanının kapısı kitapta yeralmaktadır.

1920 ile 1930 arasında egemen olan Art Deco üslubu da bezeme ve süslemeye ağırlık veren bir anlayış geliştirmiştir. Geometrik bezeme ve süsleme ögeleri kullanır. Türkiye'de de etkili olan bu üslubun izleri İstanbul'da çok sayıda apartmanda ve kapıda görülebilir.

Sonuç

Bu araştırmada, İstanbul'un çeşitli bölgelerinde yeralan konut kapı ve girişleri arasında mimari değere sahip, belgelenmeye değer pek çok örnek bulunduğu ortaya çıktı. Bunların kimi rengi, kimi süslemelerinin özelliği, kimi oluşturduğu giriş mekânı, kimi binanın cephesi içindeki yeri (cephedeki diğer elemanlarla ilişkisi ve uyumu), kimi belirli dönemlere ait mimari elemanlara sahip olması ve belirli simgeleri taşımasıyla ağırlıklı olarak önem taşıyor. Kimisi de yanındaki sarmaşığıyla anlamlı; böylece hepsinde farklı bakış açılarıyla farklı özellikler bulmak mümkün. Bu 2 yıllık belgeleme süreci içinde çeşitli değişikliklerin oluştuğu gözlendi. Bu değişiklikler, kimi zaman mevsim değişikliği nedeniyle yanlarında veya üstlerinde bulunan bitkilerdeki değişiklik ve bunun yarattığı çarpıcı farklı etki olabilirken, bunun dışında

effective in Turkey between 1890-1930. In addition to the architectural attitude in Europe, there were also influences from Seljuk and Ottoman architecture. The entrances that were examined, among revivalistic attitudes, were generally Neo-Classical or Baroque which was dominant in all Europe in the 17th and 18th centuries or Art Nouveau and Art Deco. If compared with the Renaissance period, the more active, innovative, eye catching style of the Baroque period also effected Turkish art through the Westernisation process. The term Baroque as an adjective usually defines the style having round, wavy, curved lines and these characteristics were adopted by the Ottomans and were developed as Turkish Baroque. The Art Nouveau period, which came out as an opposition to the revivalism movements, is a synthesis of the shapes as a stylisation of some plant motifs formed with curved lines. It was applied in architecture more in a decorative way. Art Nouveau came to Turkey by means of guest artists and showed itself more in housing buildings. The well known Italian Art Nouveau artist Raimondo D'Aronco worked in Istanbul between 1893-1909 as the palace architect. One of his works takes place in the book which is the famous apartment building, the Botter house in Tünel (Istiklal Boulevard 475-479) built in 1900.

The Art Deco style dominant between 1920-1930 also developed an attitude giving importance to decoration. Geometric ornaments and decoration elements were used. This style also effective in Turkey has traces which can be seen in many apartments and entrances in Istanbul.

Conclusion

In this research of the dwelling doors and entrances from several districts in Istanbul, it was discovered that there are a great number of examples having architectural value and worth that deserve to be published. These doors and entrances have importance in different ways. Some are important with their color, with their ornaments and details, with the entrance space they create, with their place in the facade (relationship and harmony with the other elements in the facade), with having architectural elements belonging to certain periods, and with carrying certain symbols. Some are meaningful with the ivy beside them, so it is possible to find different properties with different points of view. During this period of 2 years of documentation, several differences were observed. These changes, sometimes like the difference in the plants surrounding the entrances, because of the season

genellikle çok daha olumsuz olmaktadır. İlk tespitlerde biraz bakımsız durumda olan yapıların son tespitlerde oturulamaz, yıkılmaya yakın (%5); daha bakımsız durumdakilerin ise tümüyle yıkılmış oldukları (%2) görüldü. Bir kısım kapının kendisinde kötü ekler ve bakımsızlaşma oluşmuştu (%6). Bir başka olumsuz etki de kötü şekilde yapılmış yenilemelerdi. Bazı durumlarda kapı da birlikte yokedilerek zemin kat tümüyle yenilenmiş ve farklı bir karaktere bürünmüştü (%3). Bazı durumlarda ise binanın ve kapının orijinalliğini tümüyle bozacak şekilde olumsuz renk kullanımı söz konusuydu (%8).

Bütün bu gözlenen değişiklikler, bu süreç içinde bile, sahip olduğumuz bu mimari değerlerin son derecede bozulma ve yokolmaya uğradıklarını ve korunmalarının gerekliliğini ortaya koyuyor. Kitap böyle bir bilincin oluşmasına yardım ederse amacına ulaşmış olacaktır.

Fatma Erkök

changes can be striking and interesting, but except this they are generally much more negative. Buildings which were a little neglected at the first evaluation are about to be demolished (5%), and the more neglected ones were totally demolished (2%). Some of the doors had inadequate additions and became neglected themselves (6%). Another negative effect is the poorly done renovations. In some cases all the ground floor was renovated and had a totally different character destroying also the door and entrance (3%). In other cases the usage of unsuitable coloring totally destroyed the originality of the building and the door (8%).

All these observed differences show that even through this period, the architectural values that we possess suffer from deterioration and demolition and it is necessary to preserve them. If the book provides any help to evoke such a consciousness, it will have reached its aim.

Fatma Erkök

KUMKAPI

Düzgün Sokak No. 11

KUMKAPI

Fındıkkıran Sokak No. 1

0
10
50 cm

KUMKAPI

Fındıkkıran Sokak No. 3

0 10
50 cm

KUMKAPI

Mollataşı Caddesi No. 18

0 10 50 cm

KADIRGA

Gedikpaşa Caddesi No. 163

0 10 50 cm

KADIRGA

Kadırga Hamamı Sokak No. 38

0 10 50 cm

GALATA

Okçu Musa Caddesi No. 15

0 10 20 50 cm

GALATA

Banker Sokak No. 10

0 10 50 cm

GALATA

Serdar-ı Ekrem Sokak No. 73

0 10 50 cm

GALATA
Şahkulu Bostanı Sokak No. 24

0 10 50 cm

TÜNEL

İstiklal Caddesi No. 475-479

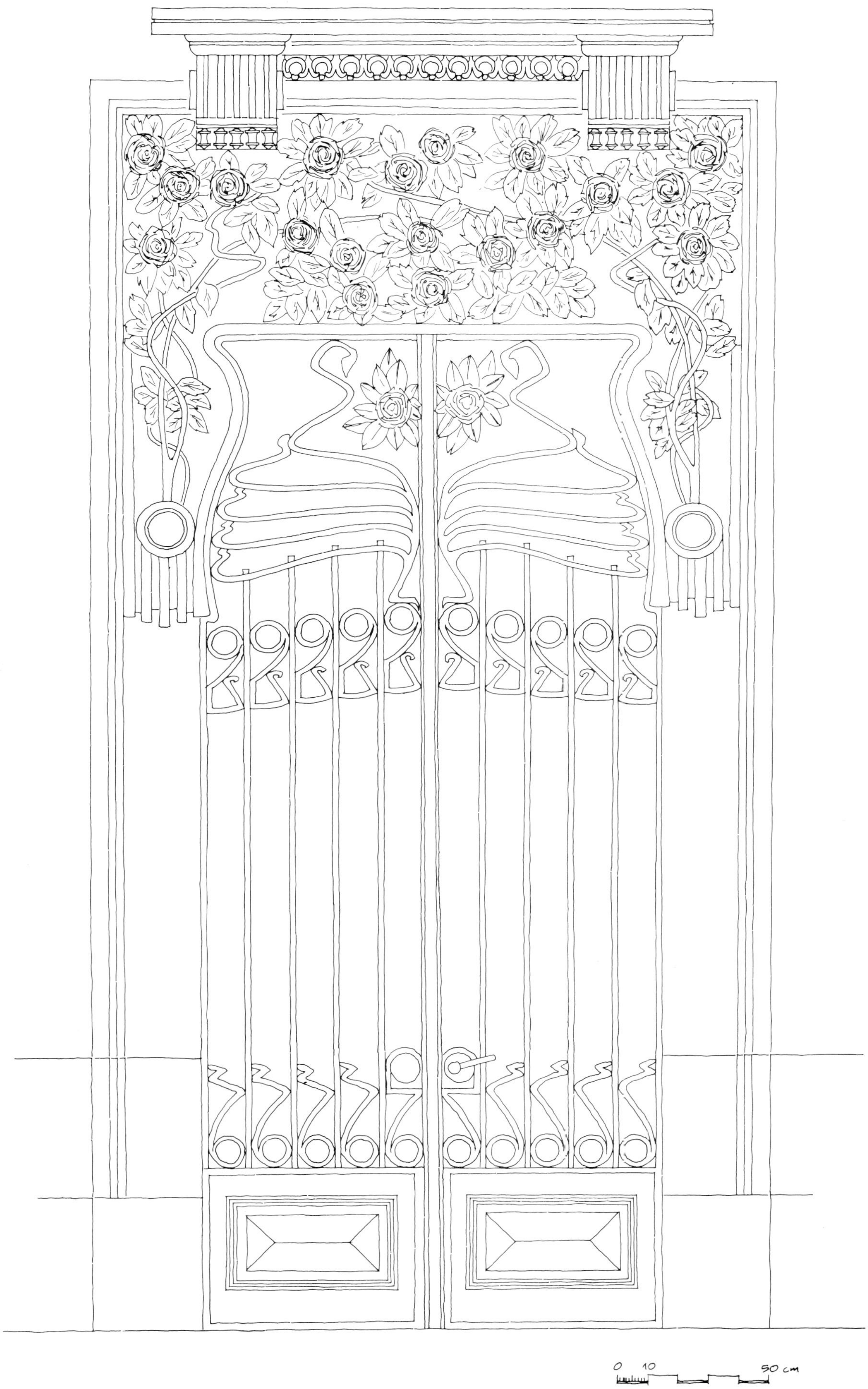
0 10 50 cm

GALATASARAY

Yeni Çarşı Caddesi No. 52

0 10 50 cm

TOPHANE

Defterdar Yokuşu No. 1

0 10 50 cm

BEYOĞLU

Kumbaracı Yokuşu No. 132

0 10 50 cm

TARLABAŞI

Nevizade Sokak No. 17

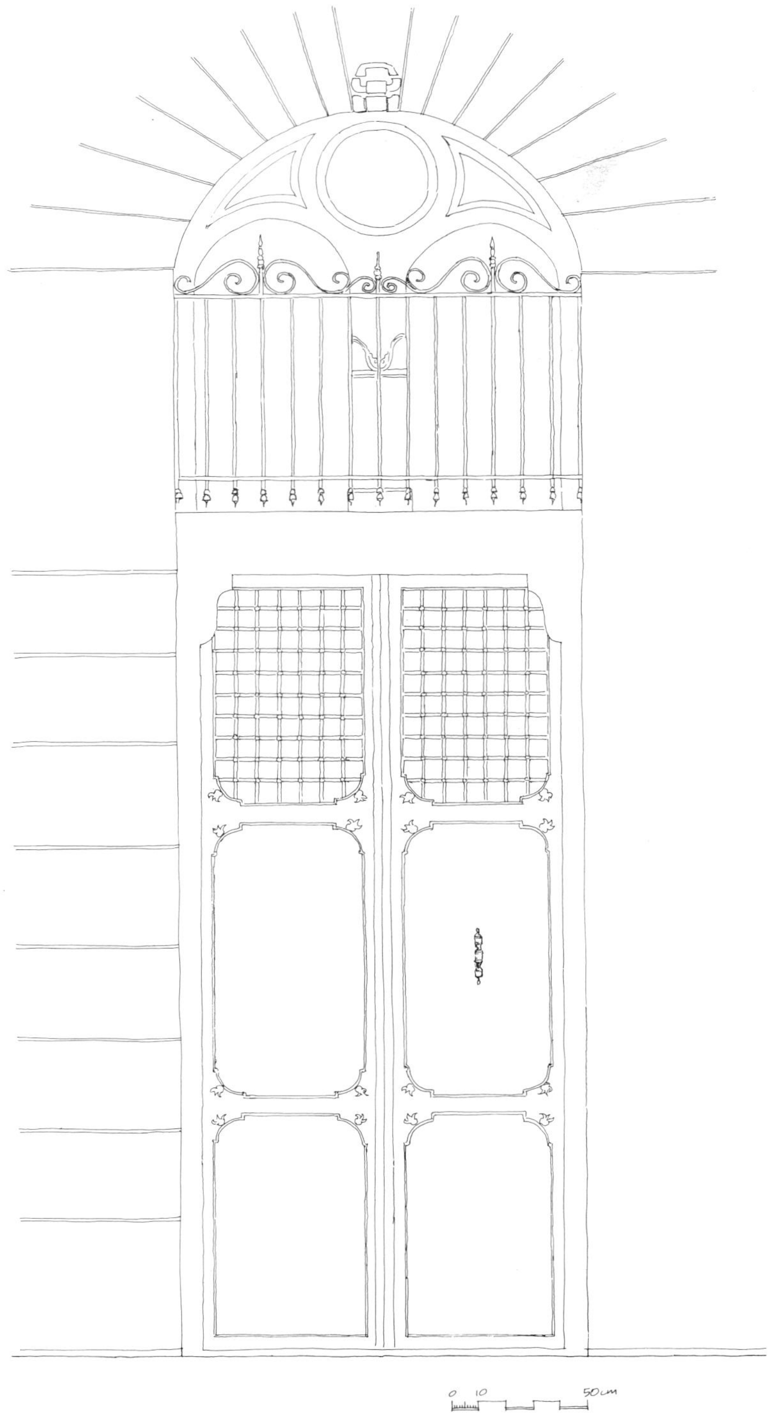

TALİMHANE

Şehit Muhtar Bey Caddesi No. 29

TALİMHANE

Lamartin Caddesi No. 18

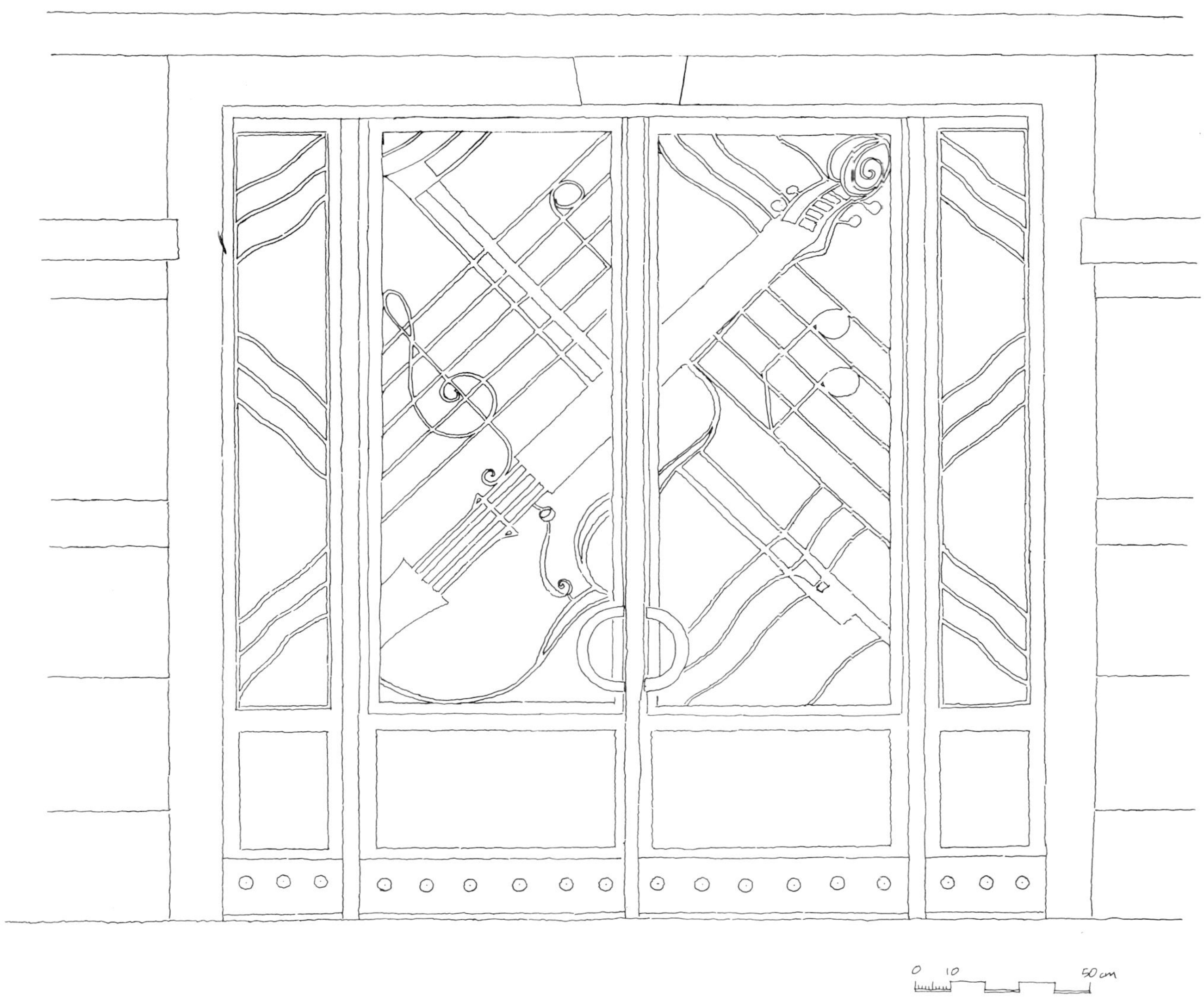
0 10 50 cm

TALİMHANE

Lamartin Caddesi No. 27

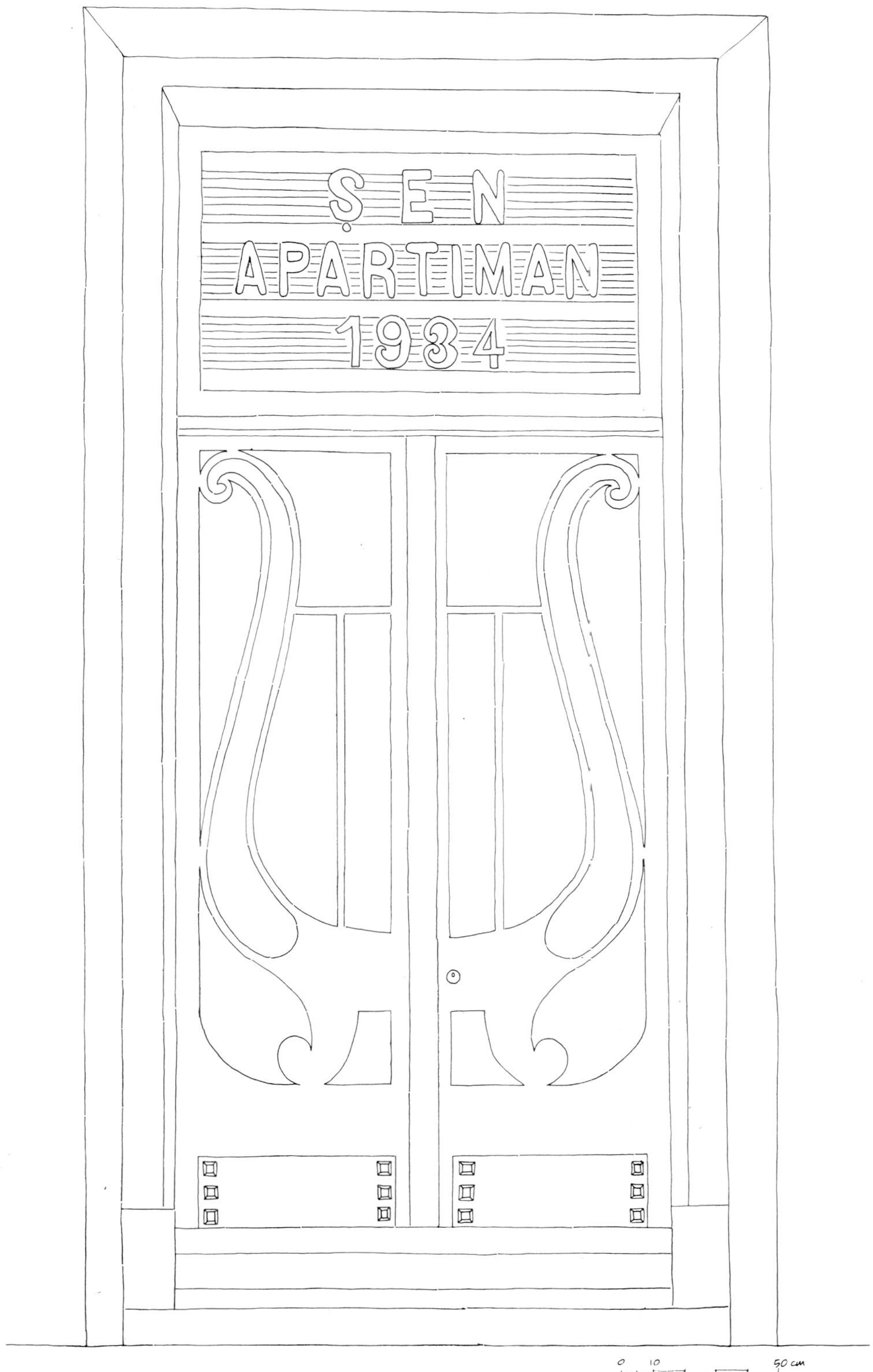
Ş E N
APARTIMAN
1934
0 10 50 cm

TAKSİM

Kocaoğlu Sokak No. 4

Tarih/Date: 1904

0 10 50 cm

TAKSİM

Çukurlu Çeşme Sokak No. 3

Mimar/Architect: A. Demetracopllo

0 10 50 cm

TAKSİM

Çukurlu Çeşme Sokak No. 6

Mimar/Architect: D. Panayotides

0 10 50 cm

TAKSİM

Mete Caddesi No. 14

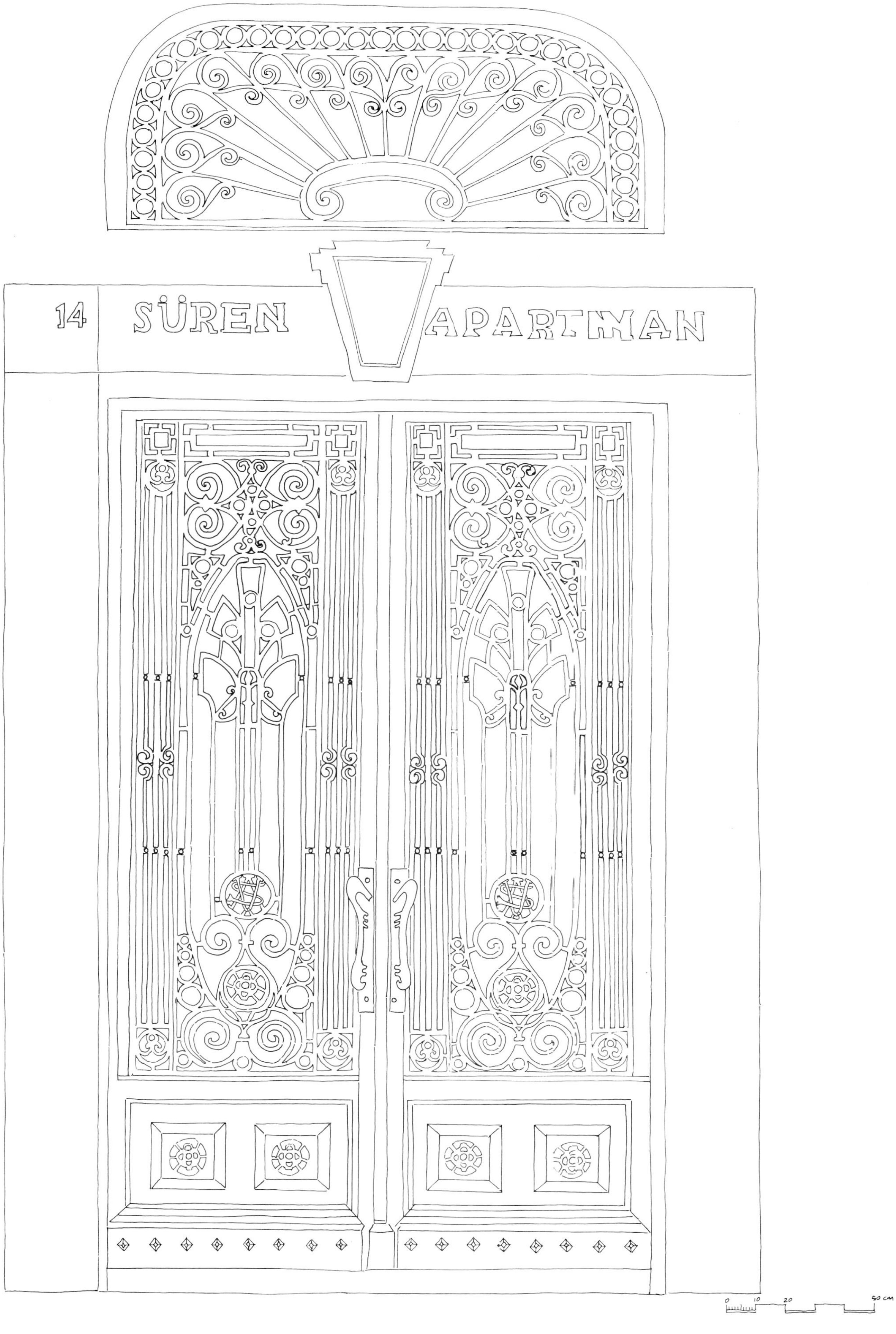
14
SÜREN
APARTMAN
0 10 20 50 CM

TAKSİM

Anadolu Sokak No. 17-19

0 10 50 cm

TAKSİM

Sıraselviler Caddesi No. 63

0 10
60 cm

TAKSİM

Sıraselviler Caddesi No. 87

0 10 50 cm

TAKSİM

Sıraselviler Caddesi No. 87/1

Tarih/Date: 1903

Mimar/Architect: ΚΑΡΑΓΙΑΝΝΣ

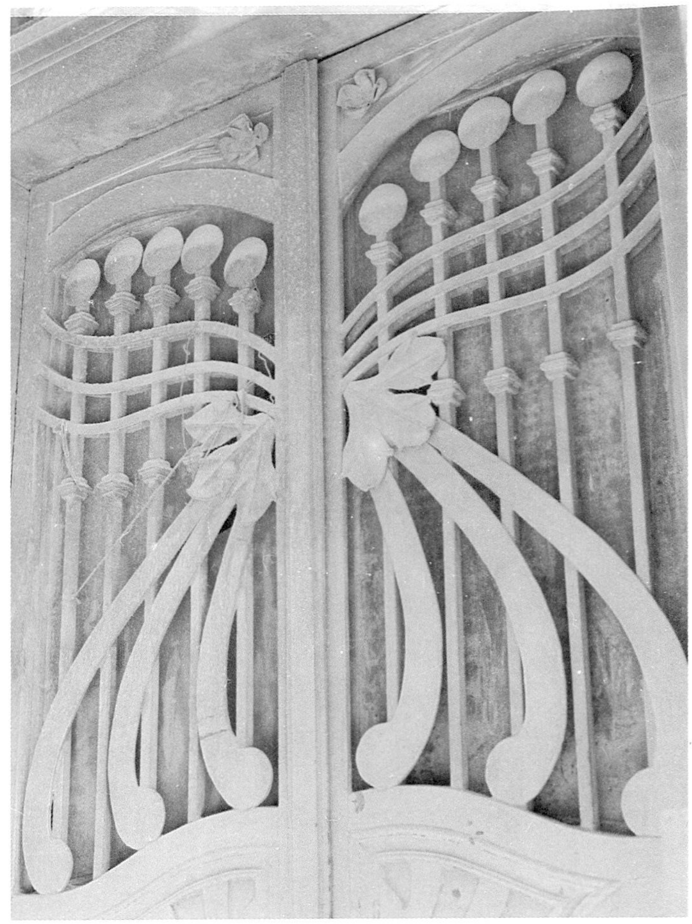

50 cm

TAKSİM

Sıraselviler Caddesi No. 89

0 10 50cm

TAKSİM

Sıraselviler Caddesi No. 111

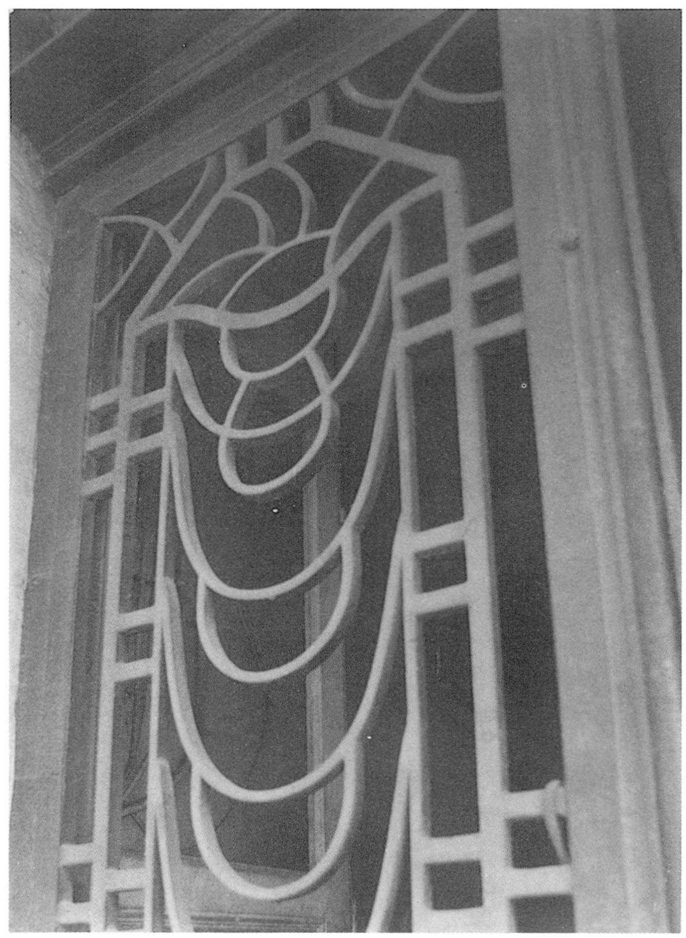

0 10 50 cm

SIRASELVİLER

Liva Sokak No. 9

SIRASELVİLER

Ağa Hamamı Sokak No. 39

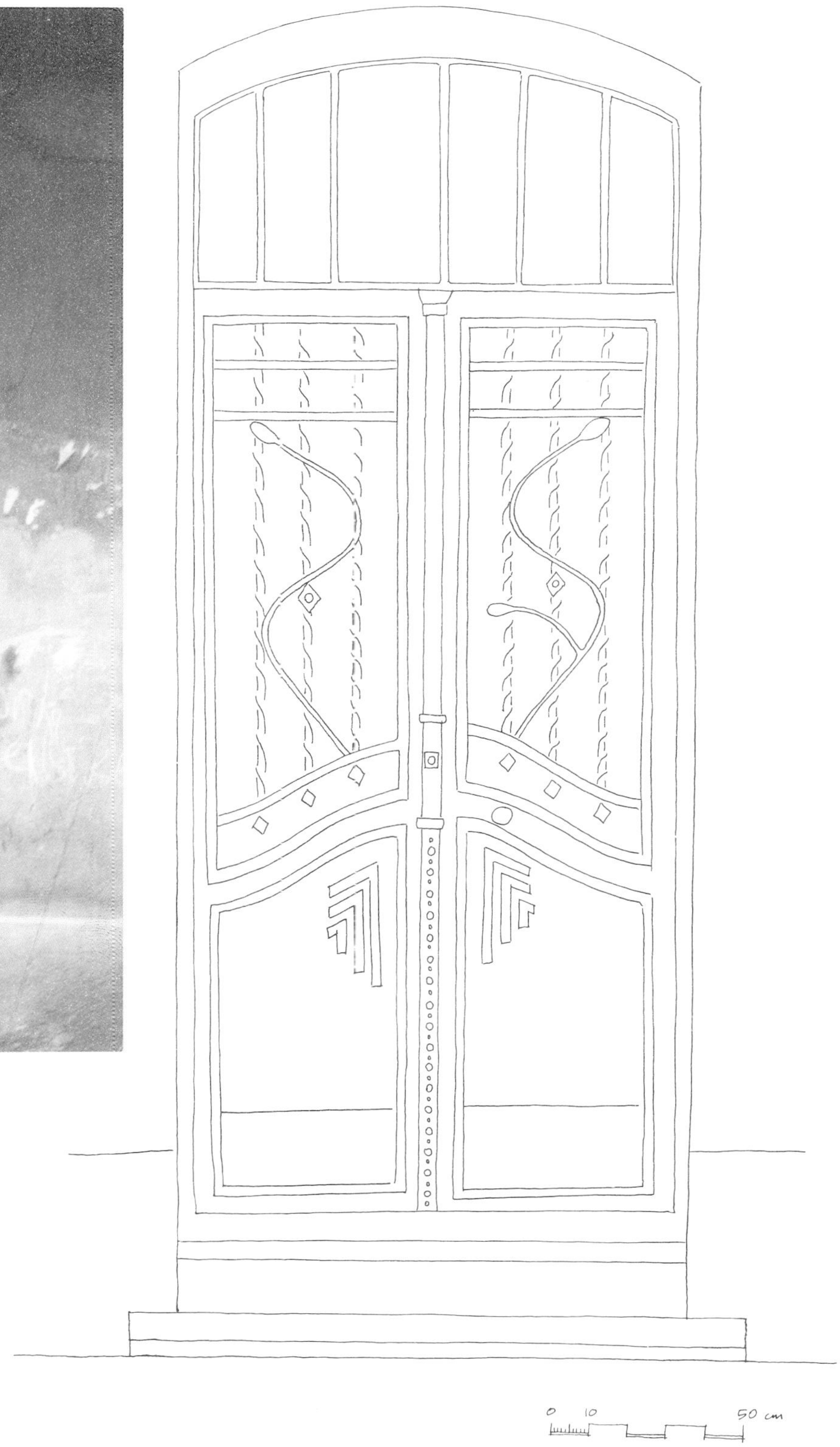

SIRASELVİLER

Ağa Hamamı Sokak No. 40

0 10 50 cm

SIRASELVİLER

Ağa Hamamı Sokak No. 41

0 10 50 cm

SIRASELVİLER

Ağa Hamamı Sokak No. 50

0 10 50 cm

GÜMÜŞSUYU

Gümüşsuyu Caddesi No. 19

0 10 50 cm

GÜMÜŞSUYU

Gümüşsuyu Caddesi No. 25

0 10 50 cm

GÜMÜŞSUYU

Gümüşsuyu Caddesi No. 35

35 AYASPAŞA PALAS
0 10 20 50 cm

GÜMÜŞSUYU

Gümüşsuyu Caddesi No. 37

0 10
50 cm

GÜMÜŞSUYU

Gümüşsuyu Caddesi No. 39

0 10 50 cm

CİHANGİR
Susam Sokak No. 5

0
10
50 cm

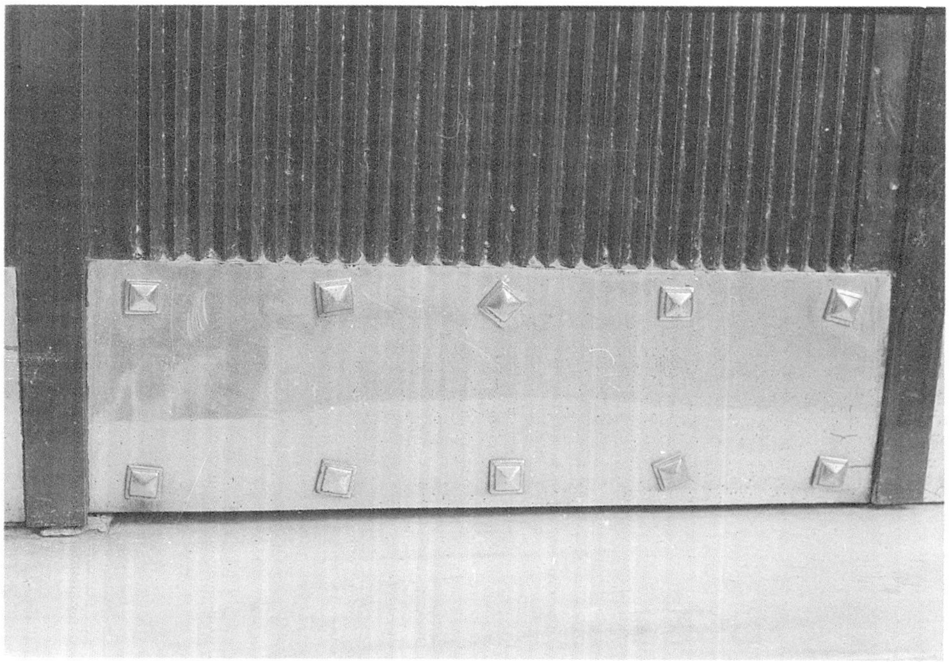

CİHANGİR

Coşkun Sokak No. 17

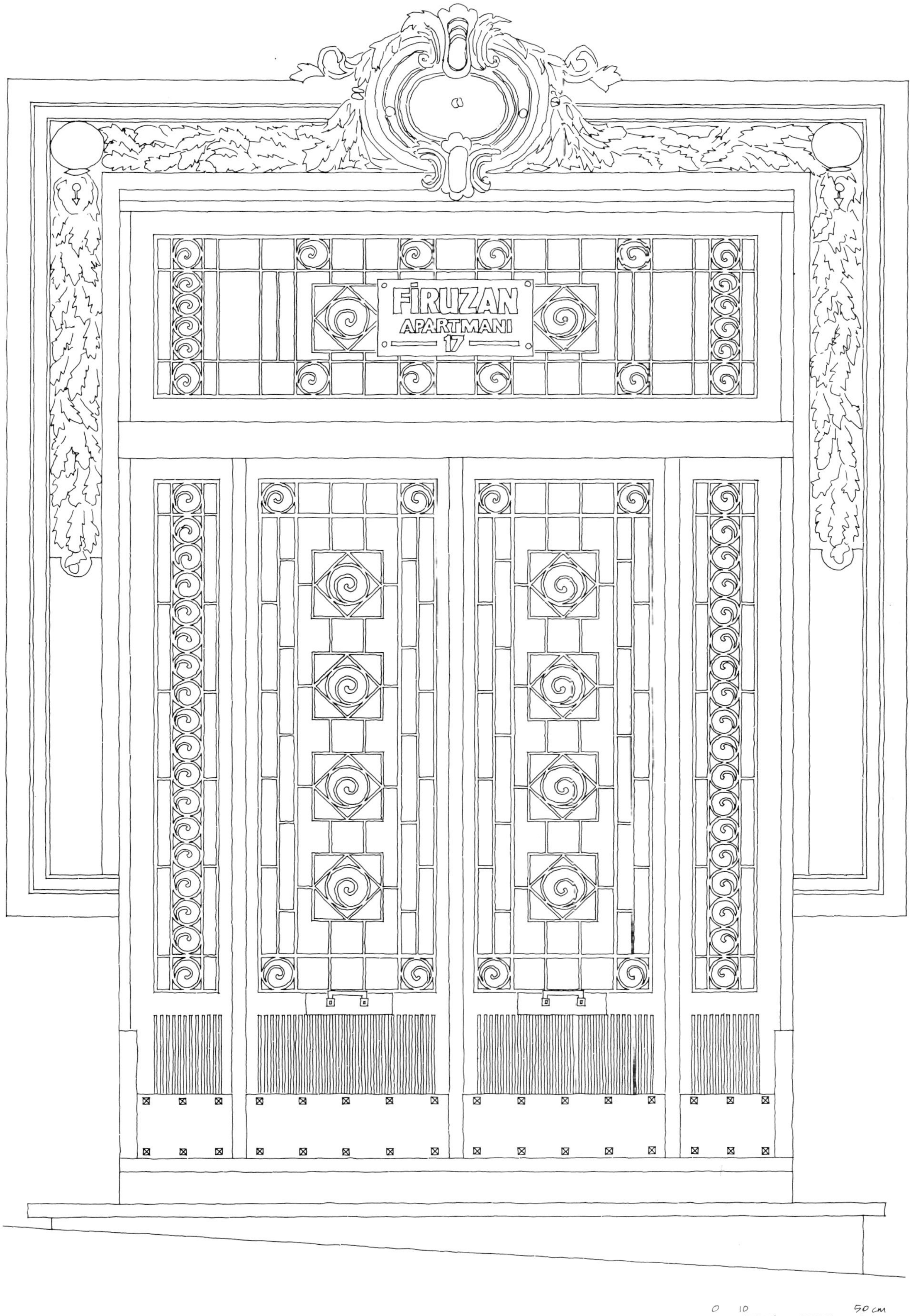

FİRUZAN
APARTMANI
17
0 10 50 cm

CİHANGİR

Şimşirci Sokak No. 9

0 10 50 cm

CİHANGİR

Akarsu Sokak No. 23

0 10 50 cm

CİHANGİR

Akarsu Sokak No. 28

CİHANGİR

Akarsu Sokak No. 32

CİHANGİR

Akarsu Sokak No. 33

0 10 50 cm

CİHANGİR

Güneşli Sokak No. 34-36

0 10
50 cm

TEŞVİKİYE

Teşvikiye Caddesi No. 69

0 10
50 cm

TEŞVİKİYE

Teşvikiye Caddesi No. 101

0 10 50 cm

TEŞVİKİYE

Teşvikiye Caddesi No. 109

0 10 50 cm

TEŞVİKİYE

Teşvikiye Bostanı Sokak No. 3

0 10 50 cm

TEŞVİKİYE

Teşvikiye Bostanı Sokak No. 11

0
10
50 cm

TEŞVİKİYE

Maçka Caddesi No. 32

0
10
50 cm

TEŞVİKİYE

Hüsrev Gerede Caddesi No. 69

0 10 50 cm

TEŞVİKİYE

Hüsrev Gerede Caddesi No. 106

0 10 50 cm

TEŞVİKİYE

Ahmet Fetgari Sokak No. 95

Ahmet Fetgari Sokak No. 154

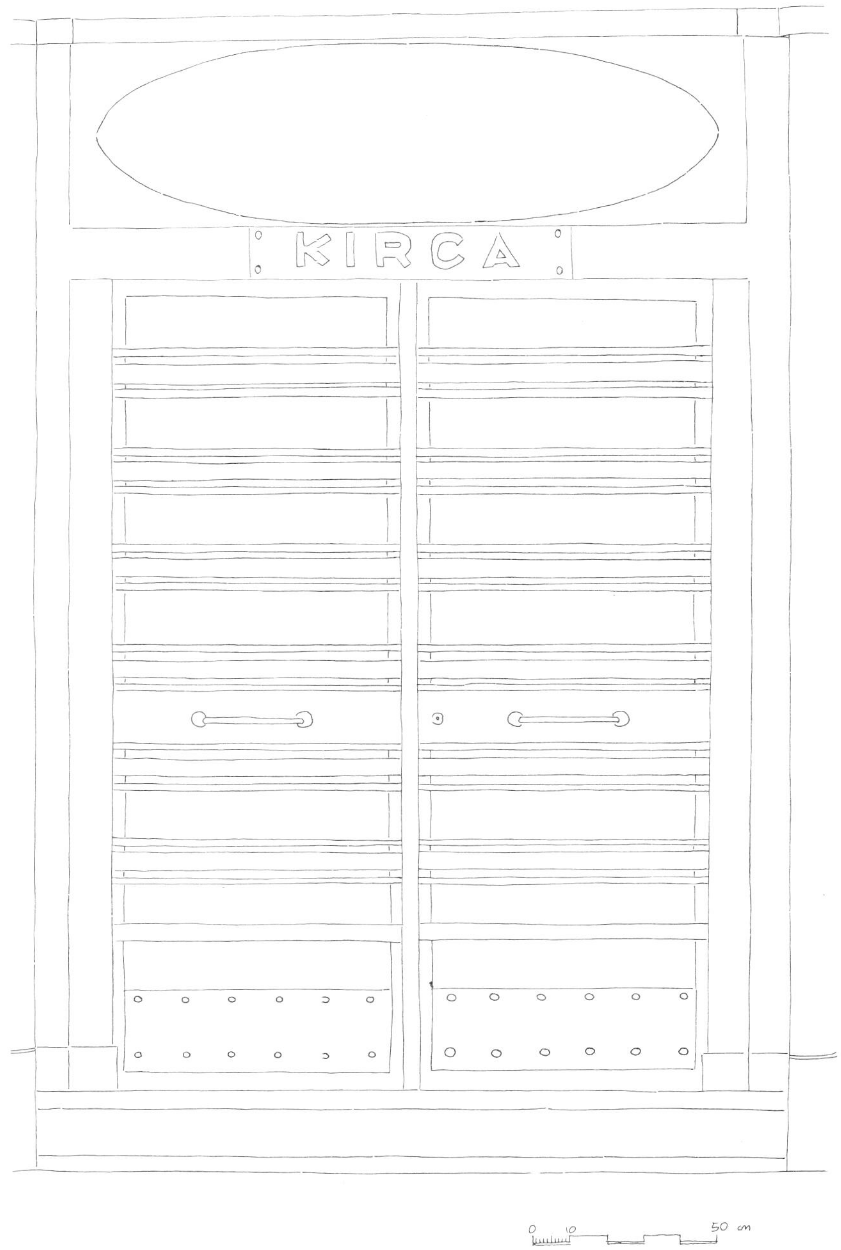

BOMONTİ

İsmet Paşa Caddesi No. 33

OSMANBEY

Rumeli Caddesi No. 110

OSMANBEY

Halaskargazi Caddesi No. 208

0
12
50 cm

OSMANBEY

Halaskargazi Caddesi No. 220

0 10 50 cm

KURUÇEŞME

Kuruçeşme Caddesi No. 1

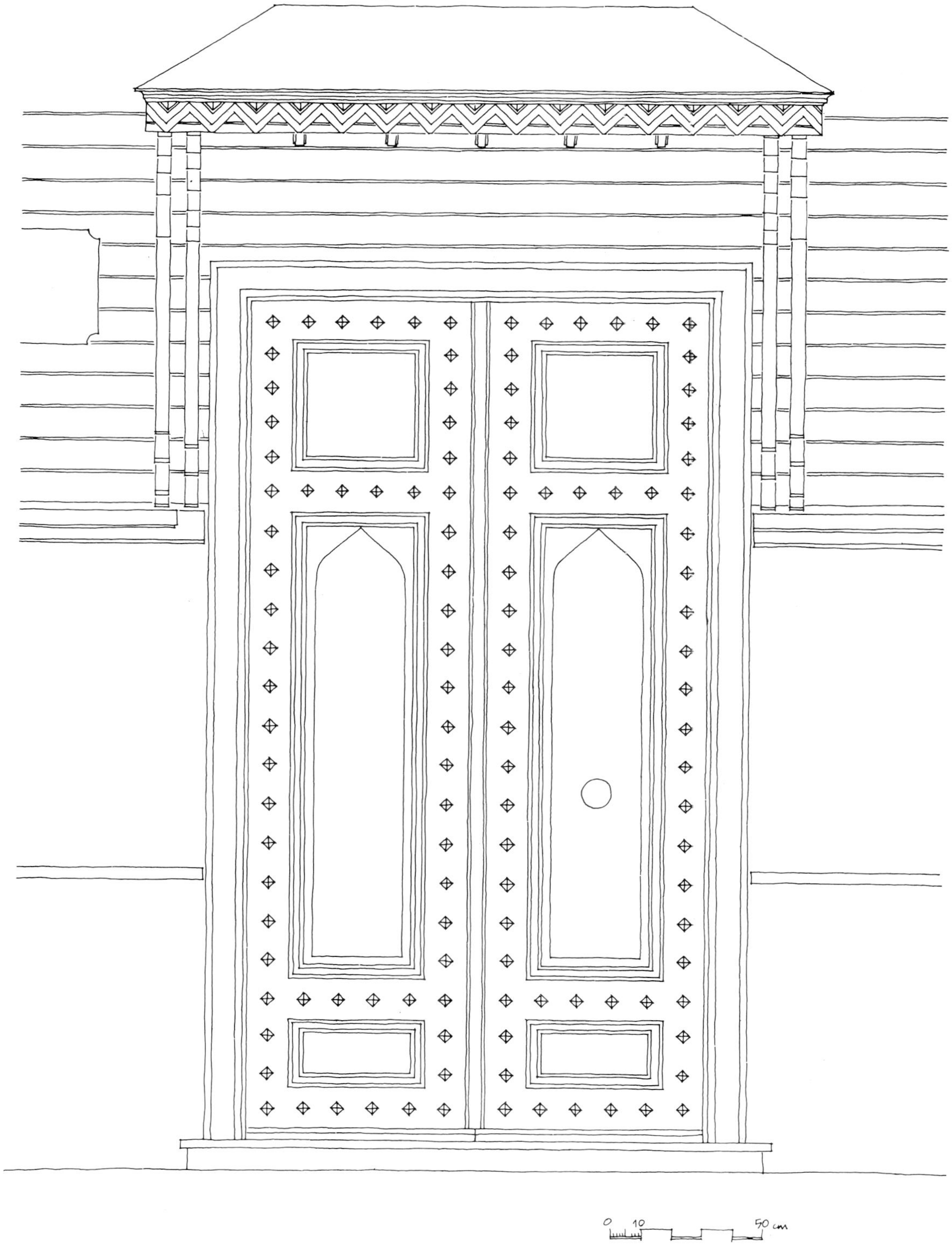
0 10 50 cm

ARNAVUTKÖY

Arnavutköy Deresi Sokak No. 1

0 10 50 cm

ARNAVUTKÖY

Kuruçeşme Caddesi No. 95

0 10 50 cm

ARNAVUTKÖY

Kuruçeşme Caddesi No. 99

0
10
50 cm

KURUÇEŞME

Kuruçeşme Caddesi No. 26

0 10 50 cm

EMİRGAN

Seyyah Sokak No. 34

0 10
50 cm

YENİKÖY

Köybaşı Caddesi No. 329

0 10 50 cm

YENİKÖY

Akbaş Sokak No. 8

0 10 50 cm

BÜYÜKDERE

Hançerli Çavuş Sokak No. 2

0 10 50 cm

BÜYÜKDERE

Danişment Sokak No. 8

0 10
50cm

BÜYÜKDERE

Hacet Sokak No. 5

0 10 50 cm

BÜYÜKDERE

Hacet Sokak No. 11

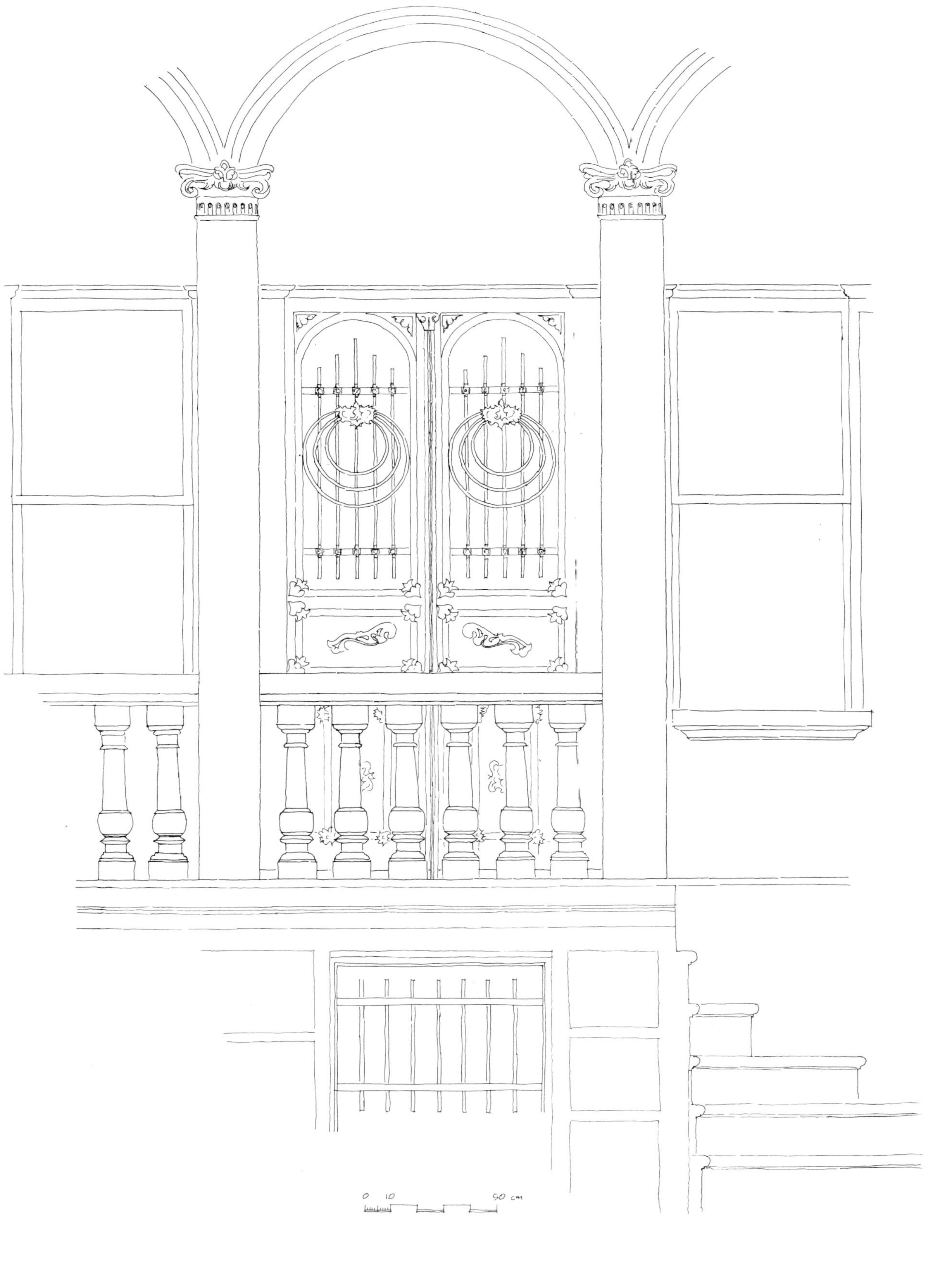
0 10 50 cm

BEYKOZ

Şahinkaya Caddesi No. 18

0 10 50 cm

ANADOLUHİSARI

Pazar Sokak No. 16

KANDİLLİ

Fatin Hoca Sokak No. 6

0 10 50 cm

KADIKÖY

Mühürdar Caddesi No. 42

0 10 50 cm

YELDEĞİRMENİ

Kasımağa Sokak No. 8

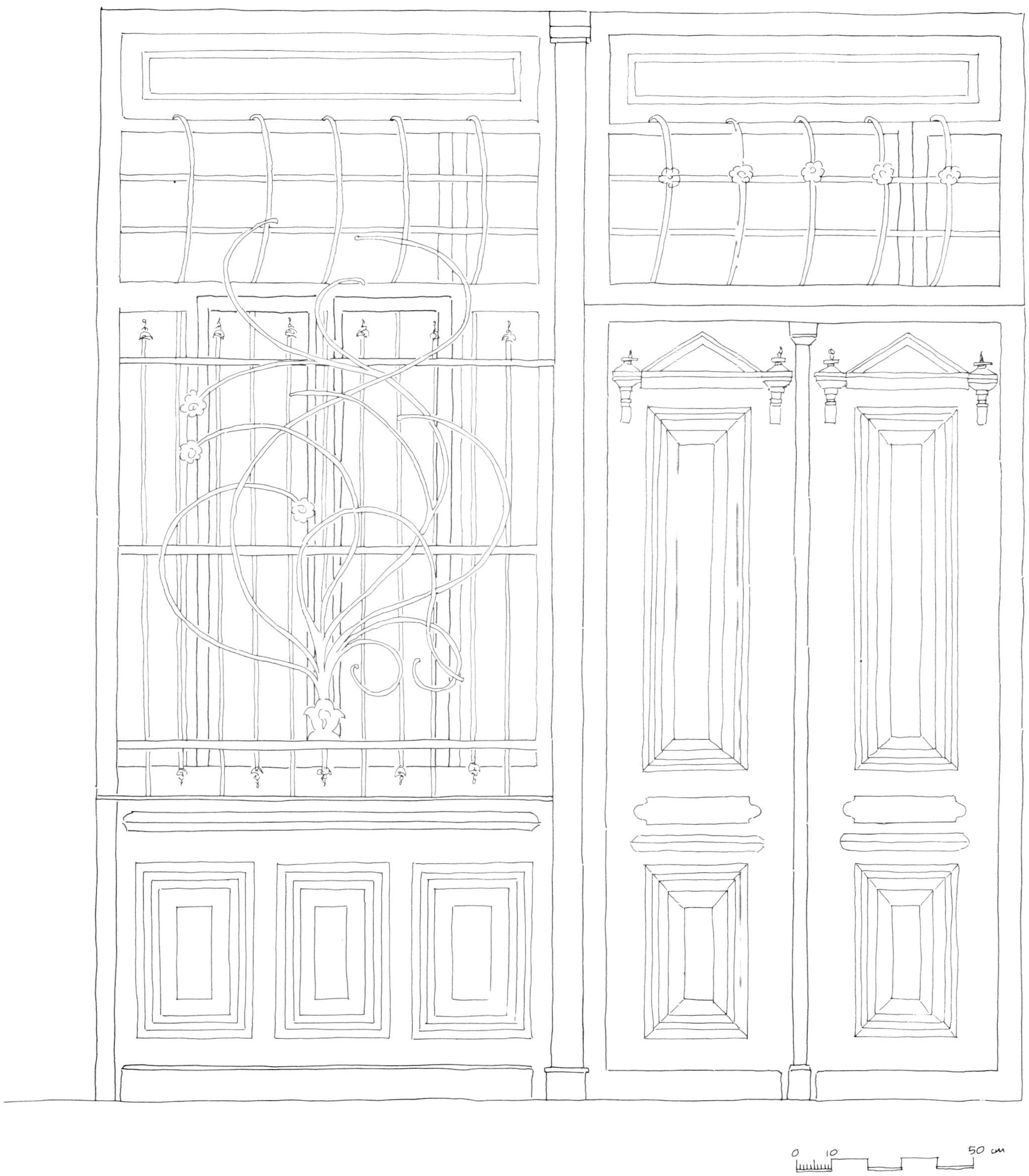
0 10
50 cm

MODA

Şair Latifi Sokak No. 29

MODA

Dumlupınar Sokak No. 12

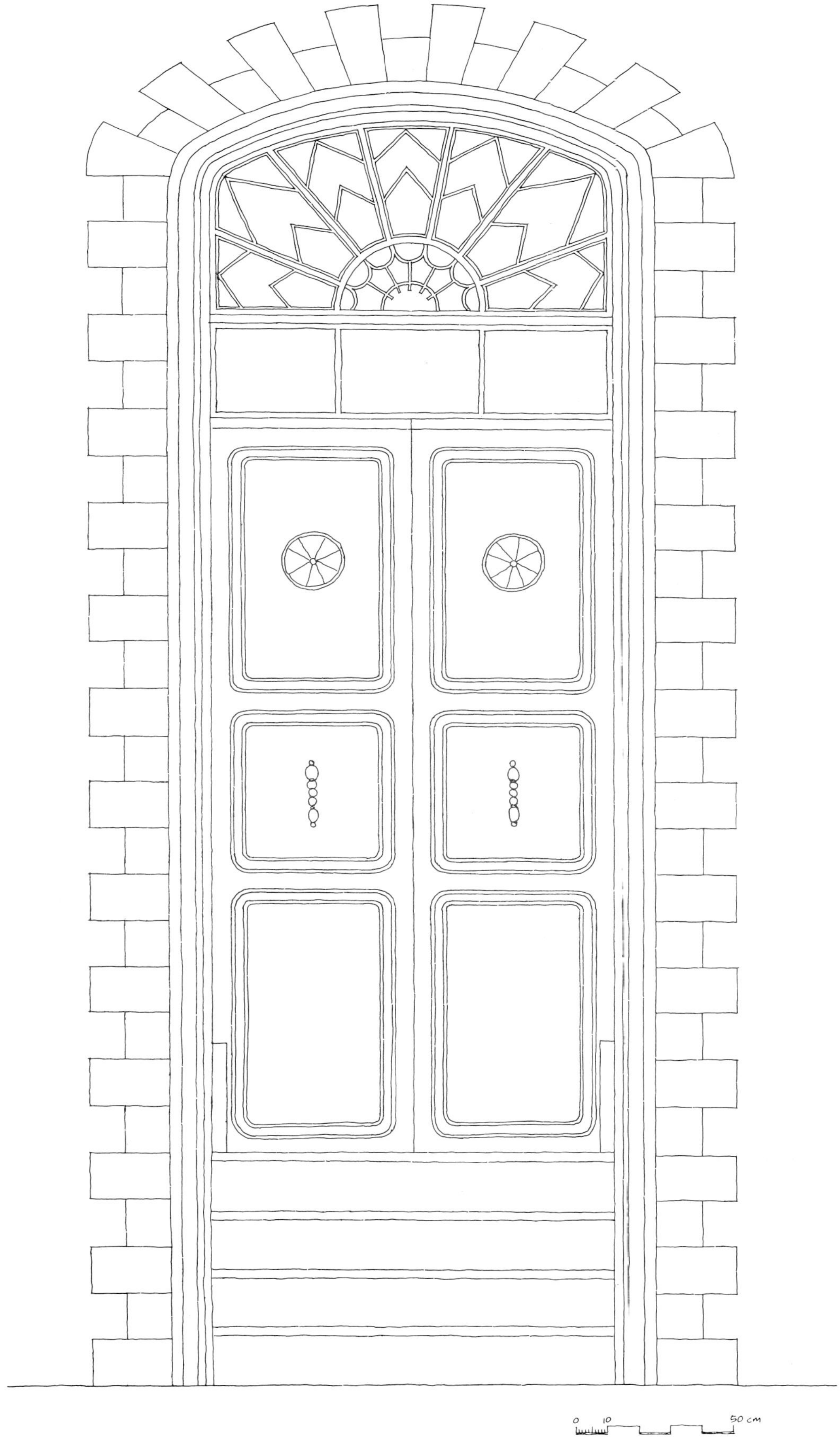
0 10
50 cm

MODA

Moda Mektebi Sokak No. 24

0 10 50 cm

MODA

Ferit Tek Sokak No. 28

0 10
50 cm

MODA

Canan Sokak No. 39

0 10 50 cm

MODA

Halis Efendi Sokak No. 8

0 10 50 cm

MODA

Halis Efendi Sokak No. 10

0 10 50 cm

MODA

Halis Efendi Sokak No. 14

0 10 50 cm

BÜYÜKADA

Kadıyoran Caddesi No. 9

0 10
50 cm

BÜYÜKADA

Kadıyoran Caddesi No. 12

0 10 50 cm

BÜYÜKADA

Kadıyoran Caddesi No. 27

0
10
50 cm

BÜYÜKADA

Kadıyoran Caddesi No. 31

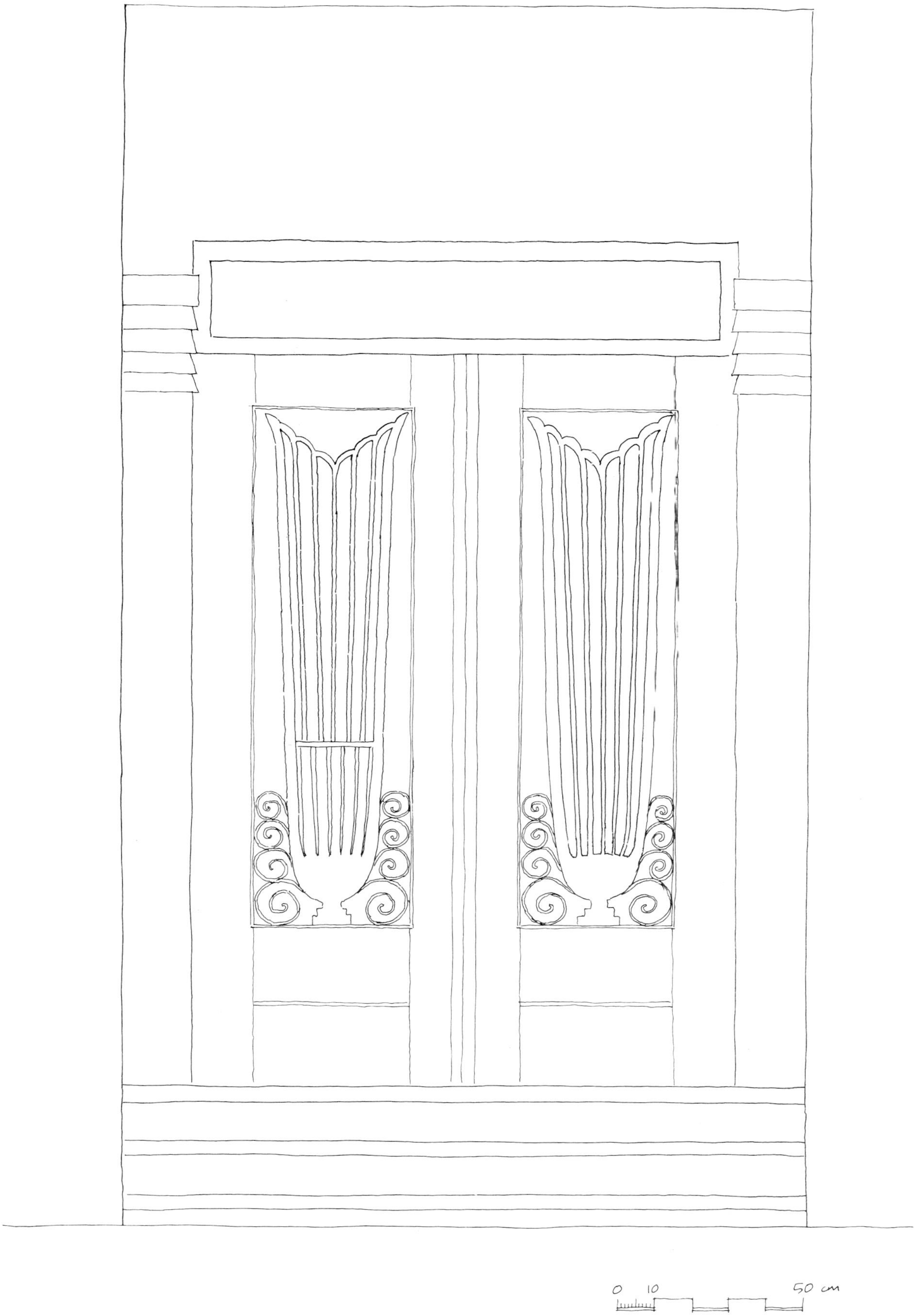
0 10 50 cm

BÜYÜKADA

Kadıyoran Caddesi No. 87

0 10 50cm

BÜYÜKADA

Çankaya Caddesi No. 2/4

4
0
10
50 cm

BÜYÜKADA

Çankaya Caddesi No. 68

0 10 50 cm

BÜYÜKADA

Mehmetçik Sokak No. 2

0 10 50 cm

BAKIRKÖY

Şinasi Gürünlü Sokak No. 7

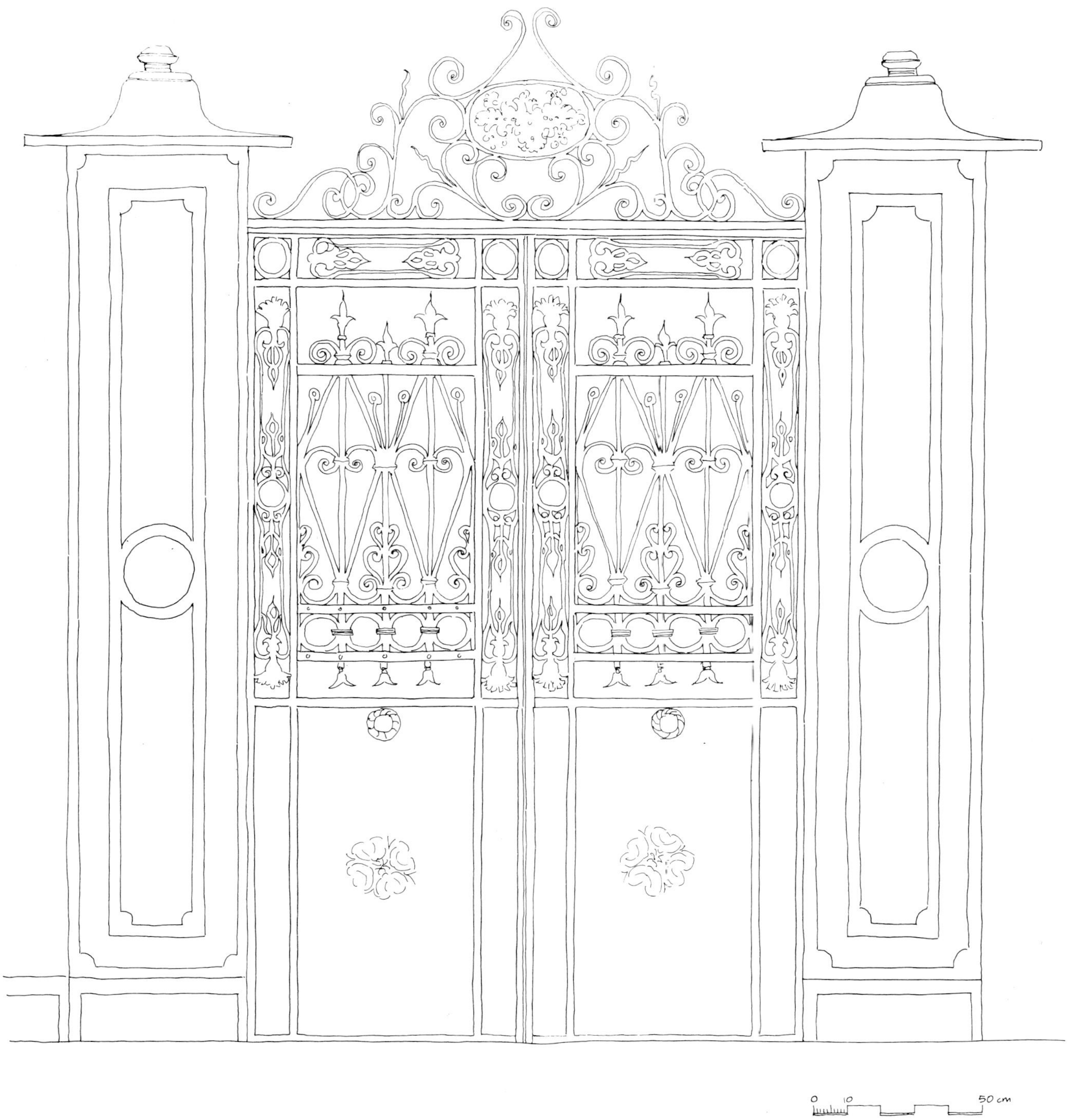
0
10
50 cm

BAKIRKÖY

Asmalısakız Sokak No. 24-26

50 cm

BAKIRKÖY

Banyolar Caddesi No. 14

0 10 50 cm

BAKIRKÖY

Küçükyalı Sokak No. 9

0 10 50cm

Kaynakça

Bibliography

Breckon, B., Parker, J. (1991), *Tracing the History of Houses,* Countryside Books, Berkshire.

Evenson, T.,T. (1987), *Archetypes in Architecture*, Norwegian University Press, Oxford University Press, Oxford.

Lynch, K. (1974), *The Image of the City*, The M.I.T. Press.

Norberg Schulz, C. (1971), *Existence Space and Architecture*, Studio Vista, London.

Meiss, P. (1990), *Elements of Architecture, From Form to Place*, Van Nostrand Reinhold (International).

Şekillerin Listesi ve Kaynakları

List and Sources of Illustrations

Fig. 1 JOHNSON, Eugene J., *Charles Moore, Buildings and Projects 1949-1986*. Rizzoli, New York, 1986.

Fig. 2 GOODWIN, G., *A History of Ottoman Architecture*, Thames and Hudson, London, 1971.

Fig. 3 GOODWIN, G., *A History of Ottoman Architecture*, Thames and Hudson, London, 1971.

Fig. 4 RUDOFSKY, B., *Architecture without Architects*, Academy Editions, London, 1973.

Fig. 5 Photos by Hülya Yürekli, Fatma Erkök.

Fig. 6 Photo by Şebnem P. Aykol.

Fig. 7 NORBERG-SCHULZ, C., *Roots of Modern Architecture*, GA, 1988.

Fig. 8 *Venturi Scott Brown and Associates on Houses and Housing*, Architectural Monographs No 21, AD, Academy Editions/St.Martin's Press, 1992.

Fig. 9 Architecture (1985/4), photo by Fatma Erkök

Fig. 10 LIU, L.G., *Chinese Architecture*, Academy Editions, London, 1989.

Fig. 11 Photos by Hülya Yürekli, Fatma Erkök.

Fig. 12 WUNDRAM, PAPE, MARTON, *Andrea Palladio 1508-1580 Architect between the Renaissance and Baroque*, Taschen.

Fig. 13 From the archives of H. Yürekli, F. Yürekli.

Fig. 14 NORBERG-SCHULZ, C., *Meaning in Western Architecture*, Studio Vista, 1974.

Fig. 15 THIIS-EVENSEN, T., *Archetypes in Architecture*, Norwegian University Press, Oxford University Press, Oslo, 1989.

Fig. 16 Photo by Mehmet Erkök.

Kapıların Listesi

List of Doors

Kumkapı, Düzgün Sokak No. 11
Kumkapı, Fındıkkıran Sokak No. 1
Kumkapı, Fındıkkıran Sokak No. 3
Kumkapı, Mollataşı Caddesi No. 18
Kadırga, Gedikpaşa Caddesi No. 163
Kadırga, Kadırga Hamamı Sokak No. 38
Galata, Okçu Musa Caddesi No. 15
Galata, Banker Sokak No. 10
Galata, Serdar-ı Ekrem Sokak No. 73
Galata, Şahkulu Bostanı Sokak No. 24
Tünel, İstiklal Caddesi No. 475-479
Galatasaray, Yeni Çarşı Caddesi No. 52
Tophane, Defterdar Yokuşu No. 1
Beyoğlu, Kumbaracı Yokuşu No. 132
Tarlabaşı, Nevizade Sokak No. 17
Talimhane, Şehit Muhtar Bey Caddesi No. 29
Talimhane, Lamartin Caddesi No. 18
Talimhane, Lamartin Caddesi No. 27
Taksim, Kocaoğlu Sokak No. 4
Taksim, Çukurlu Çeşme Sokak No. 3
Taksim, Çukurlu Çeşme Sokak No. 6
Taksim, Mete Caddesi No. 14
Taksim, Anadolu Sokak No. 17-19
Taksim, Sıraselviler Caddesi No. 63
Taksim, Sıraselviler Caddesi No. 87
Taksim, Sıraselviler Caddesi No. 87/1
Taksim, Sıraselviler Caddesi No. 89
Taksim, Sıraselviler Caddesi No. 111
Sıraselviler, Liva Sokak No. 9
Sıraselviler, Ağa Hamamı Sokak No. 39
Sıraselviler, Ağa Hamamı Sokak No. 40
Sıraselviler, Ağa Hamamı Sokak No. 41
Sıraselviler, Ağa Hamamı Sokak No. 50
Gümüşsuyu, Gümüşsuyu Caddesi No. 19
Gümüşsuyu, Gümüşsuyu Caddesi No. 25
Gümüşsuyu, Gümüşsuyu Caddesi No. 35
Gümüşsuyu, Gümüşsuyu Caddesi No. 37
Gümüşsuyu, Gümüşsuyu Caddesi No. 39
Cihangir, Susam Sokak No. 5
Cihangir, Coşkun Sokak No. 17
Cihangir, Şimşirci Sokak No. 9

Cihangir, Akarsu Sokak No. 23
Cihangir, Akarsu Sokak No. 28
Cihangir, Akarsu Sokak No. 32
Cihangir, Akarsu Sokak No. 33
Cihangir, Güneşli Sokak No. 34-36
Teşvikiye, Teşvikiye Caddesi No. 69
Teşvikiye, Teşvikiye Caddesi No. 101
Teşvikiye, Teşvikiye Caddesi No. 109
Teşvikiye, Teşvikiye Bostanı Sokak No. 3
Teşvikiye, Teşvikiye Bostanı Sokak No. 11
Teşvikiye, Maçka Caddesi No. 32
Teşvikiye, Hüsrev Gerede Caddesi No. 69
Teşvikiye, Hüsrev Gerede Caddesi No. 106
Teşvikiye, Ahmet Fetgari Sokak No. 95
Teşvikiye, Ahmet Fetgari Sokak No. 154
Bomonti, İsmet Paşa Caddesi No. 33
Osmanbey, Rumeli Caddesi No. 110
Osmanbey, Halaskargazi Caddesi No. 208
Osmanbey, Halaskargazi Caddesi No. 220
Kuruçeşme, Kuruçeşme Caddesi No. 1
Kuruçeşme, Kuruçeşme Caddesi No. 26
Arnavutköy, Kuruçeşme Caddesi No. 95
Arnavutköy, Kuruçeşme Caddesi No. 99
Arnavutköy, Arnavutköy Deresi Sokak No. 1
Emirgan, Seyyah Sokak No. 34
Yeniköy, Köybaşı Caddesi No. 329
Yeniköy, Akbaş Sokak No. 8
Büyükdere, Hançerli Çavuş Sokak No. 2
Büyükdere, Danişment Sokak No. 8
Büyükdere, Hacet Sokak No. 5
Büyükdere, Hacet Sokak No. 11
Beykoz, Şahinkaya Caddesi No. 18
Anadoluhisarı, Pazar Sokak No. 16
Kandilli, Fatin Hoca Sokak No. 6
Kadıköy, Mühürdar Caddesi No. 42
Yeldeğirmeni, Kasımağa Sokak No. 8
Moda, Şair Latifi Sokak No. 29
Moda, Dumlupınar Sokak No. 12
Moda, Moda Mektebi Sokak No. 24
Moda, Ferit Tek Sokak No. 28
Moda, Canan Sokak No. 39
Moda, Halis Efendi Sokak No. 8
Moda, Halis Efendi Sokak No. 10
Moda, Halis Efendi Sokak No. 14
Büyükada, Kadıyoran Caddesi No. 9
Büyükada, Kadıyoran Caddesi No. 12
Büyükada, Kadıyoran Caddesi No. 27
Büyükada, Kadıyoran Caddesi No. 31
Büyükada, Kadıyoran Caddesi No. 87
Büyükada, Çankaya Caddesi No. 2/4
Büyükada, Çankaya Caddesi No. 68
Büyükada, Mehmetçik Sokak No. 2
Bakırköy, Şinasi Gürünlü Sokak No. 7
Bakırköy, Asmalısakız Sokak No. 24-26
Bakırköy, Banyolar Caddesi No. 14
Bakırköy, Küçükyalı Sokak No. 9